エッセンシャル Essentials of Monetary Economics

金融論 第2版

植田 宏文・丸茂 俊彦・五百旗頭 真吾 [著]

中央経済社

第2版　はじめに

　初版『エッセンシャル金融論』が刊行されてから約9年の月日が経過し，この度，データの更新と新しい経済現象についての説明を加え『エッセンシャル金融論＜第2版＞』を出版することになった。本書の目的は初版同様に，金融制度・理論・政策を体系的に理解した上で，金融市場の動きと経済の実体活動が密接に関連し合って影響を及ぼすことを適切に理解できるようにすることである。第2版では，データ更新に基づき，その変動要因を初版でまとめられている理論を応用する形で新たに考察を展開している。

　この間，2020年初頭から始まったコロナ禍によって経済活動は世界的に深刻な状況に陥り，それに対して大規模な財政金融政策の発動が実施された。一方，2022年半ばにコロナ禍が終焉に近づいた頃には，日本を除く先進主要国ではコロナ禍からの反動需要増，資源価格の高騰およびサプライ・チェーン（供給網）制約によってインフレ率が目標水準を大きく上回るようになった。このため，2008年のリーマンショック後に採用されていた異次元の金融緩和政策は解除され，反対にインフレ率を抑えるための金融引締政策が採用されている。これに対して，日本はインフレ率に関しては円安要因も加わり目標水準の2％を超えているが，需要増による安定したインフレ水準に至っていないという判断から，金融緩和政策の将来的な解除を検討しつつも現在まで継続されている。

　このように，各国で採られている金融政策は，それぞれの国のマクロ経済状況に依存して異なり極めて複雑であるように思われる。また，金融取引がグローバル化されているため各国の経済活動が諸外国からの影響を受け，より複雑化させている印象を与えている。

　しかし，自然環境や政治状況の変化以外については，これまで蓄積されてきた理論的内容に沿って動いている側面が多いことも事実である。そして，その対処として金融政策と制度の見直しも幾つかに集約して検討することができる。重視すべきことは，個々のミクロ的金融取引が金融市場で実現し，その結果，金融市場で決定された価格や金利がマクロの実体経済に影響を与えることである。さらに，この反対のプロセスがあることも理解する必要がある。

　ミクロ的な金融取引として，一般国民の消費・貯蓄行動，投資家・金融機関の資産選択行動，企業の投資・資金調達行動，中央銀行の金融政策行動が挙げられ，本書では金融制度と関連させてそれらの特徴を詳細にまとめている。さらに，これらの行動により金融市場で需給均衡が満たされるように価格と利子率がどのように決定されるかを理論的に整理している。また，この金融市場の動向が実体経済に如何なる経路を通じて影響を与えるかを金融政策と関連させて解説している。一方，将来の実体経済の動向に対する予想が，金融市場を通じて逆に個々のミクロ的金融取引に影響を及ぼすことも示している。

　本書では，上記プロセスを段階的に理解できるように図られている。本書が，日々の金融取引の背景に何があるのか，今後の経済活動にどのような影響を及ぼすのかということについて読者の理解向上に資すれば幸いである。また本書が，さらに深いレベルでの金融論の勉学に繋げることができれば執筆者としてこれに勝る喜びはない。

　最後に，本書出版にあたり，いつも暖かくサポートして下さっている中央経済社の酒井隆氏に改めてお礼申し上げます。

2024年3月

執筆者を代表して

植田宏文

は じ め に

　本書『エッセンシャル金融論』は，金融制度・理論・政策について学部中級レベルを対象にまとめたものである。金融論を学ぶ上で，これら三つの側面から体系的に理解することは金融と実体経済の関連性を正しく認識するためにも必要不可欠である。

　金融制度を学ぶことによって，金融取引の仕組みや金融機関の業務内容が具体的にどのようになっているかを知ることができる。また金融の理論的考察によって，金融取引が如何なるメカニズムを通じて各種金融資産価格の均衡値を決定するのか，あるいは実体の経済活動へ影響を及ぼすプロセスを確認することができる。さらに，このような知識を応用して，金融政策の内容および政策効果が有効的であるための諸条件を的確に把握できるようになる。

　金融取引は様々な金融市場において，年々拡大している。伝統的な金融市場としては，株式市場，債券市場，外国為替市場等があげられる。さらに，近年はデリバティブを駆使した市場が著しく成長し，金融取引額は実体経済における財の取引額を大きく上回っている。また，これらの金融市場での取引は国内のみに限定されたものではなく，国際的な資金移動の自由化を通じて，24時間止まることなく，新たな投資先に向けて膨大な資金が移動している。このような金融市場の動向は，日々，新聞やニュース等でも大量に流され容易に触れることができている。

　しかし，金融取引は金融市場内のみの経済現象ではなく，実体経済の動きに大きく影響を与えることを理解する必要がある。金融取引は，決して金融市場内で完結するものではなく，日々の我々の生活と深く関連している。また，反対に実体経済の動きを反映して，金融市場の取引が影響を受けることもある。この意味において，金融取引と実体経済の動きは相互に連関していると言うことができる。

　通常，財の取引にはその背景に資金決済が安全かつ速やかに行われることが必要である。このことは同時に，安全で効率的な資金決済システムが構築されていなければ，財の取引が健全に行われず経済活動に大きな支障が生まれるこ

とを意味する。

　また，企業が新規ビジネスを実行しようとしても，資金調達がスムーズに行われなければ企業活動そのものの進展はない。ここに，金融市場の多様化と効率性が求められる理由がある。金融市場を通じて，投資家や家計の資金余剰者から企業等の資金不足者へ効率的に資金を移動させることができなければ，社会的厚生水準が拡大することはない。

　実体経済の動きは，経済成長率・インフレ率・失業率等の値によって示され，国民の豊かさの水準を規定する。したがって，民間の経済活動が大きく乱高下する場合，的確に金融政策を運営していかなければならない。このとき，金融取引の仕組みである金融制度，実体経済活動との相互関連性に関する金融理論を正しく理解しておく必要があり，このことが本書の目的である金融制度・理論・政策の三つの側面を体系的に学ぶことの重要性に繋がってくる。

　本書が，日々の金融取引の背景に何があるのか，今後の経済活動にどのような影響を及ぼすのかということについて読者の理解向上に資すれば幸いである。また，重要な事項については幾つかの章末に *Column* を設け，理論的内容と実際の動きを関連させて説明している。

　本書出版にあたり，同志社大学商学部商学会より出版助成を受けていることを付記する。さらに，中央経済社の納見伸之氏と酒井隆氏にたいへんお世話になった。ここに謹んでお礼を申し上げたい。

　2015年3月

執筆者を代表して

植田宏文

目　　次

金融の基本的機能

　一般に企業は経済活動において資金が不足すれば，銀行から資金を借り入れるか，資本市場（債券市場と株式市場）で有価証券を発行して資金を調達する。本章では，企業の各資金調達手段について説明し，そのプロセスにおける金融仲介機関の役割について考察する。金融の機能は，銀行などの金融仲介機関を通じて，最終的な貸し手である資金余剰者（黒字主体）から最終的な借り手である資金不足者（赤字主体）に資金の貸借取引を実現させることによって資金の効率的配分と経済の成長に資することである。そのメカニズムについて正しく理解する必要がある。

　さらに，財・サービスの取引が拡大し経済が成長するためには，資金決済が円滑でなければならず，社会のインフラである資金決済システムの仕組みについて解説する。また，代表的な金融市場を取り上げ，金融取引の制度的内容を詳しくまとめるとともに，金融政策の手段について説明する。

Key Words

間接金融　直接金融　金融の仲介機能　メインバンク　異時点間モデル　決済システム　短期金融市場　長期金融市場

第1節　間接金融と直接金融

(1)　金融仲介と企業の資金調達

　企業の資金調達手段は，**図表1-1**のように外部資金と内部資金に大別される。外部資金とは，民間銀行や一般投資家等の企業外部から調達した資金であり，主に，銀行借入，社債，株式がある。銀行借入は銀行との相対交渉で資金を調達するのに対して，社債と株式は財務指標等を公開した上で資本市場において証券を発行し不特定多数の投資家から幅広く資金を調達する。銀行借入は，銀行を経由して，最終的な資金の貸し手（資金余剰主体）から最終的な資金の借り手（資金不足主体）に資金が流れるため間接金融という。これに対して，企業が資金余剰主体に直接，社債や株式等の本源的証券を発行して資金調達することを直接金融という。

　また，銀行借入と社債は企業が債務証書を発行することであり，具体的には償還期限が定められ，利子を加えて元本を返済する必要がある。したがって，銀行借入と社債は返済義務のある資金調達であり，負債金融（Debt Finance）あるいは他人資本と呼ばれている。一方，企業の持ち分証書である株式発行を通じた資金調達（Equity Finance）は，後述する内部資金と同様に元本の返済や利払いの義務がないことから自己資本という。ただし，株主は，企業の生産活動から利払いや法人税を支払った後の残余利益水準にしたがって配当金を受け取る権利（残余利益がゼロなら，配当もゼロ）と，株式持ち分に応じて株主総会における議決権が与えられ，企業の経営意志決定に参加することができる。

図表1-1　企業の資金調達手段

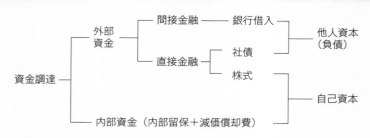

図表1－2　企業のバランスシート（B/S）

資産	負債
	銀行借入
	社債
	自己資本

また株主にとって，株式を流通市場で購入価格よりも高く売却することができれば，キャピタル・ゲインを得る機会があることも，株式を購入する魅力の一つになっている。

　次に，内部資金とは主に内部留保と減価償却から構成される。内部留保は，過去からの生産活動を通じて蓄積してきた利潤であり，これは最終的には株主利益に帰属する。減価償却とは，企業が所有する設備の減耗分を会計上，費用として計上するものである。しかし，実際には企業から資金の支出があるわけではなく企業の内部に留保している。このような内部資金は，企業が自由に使える資金であり，株式と同様に返済義務がないので自己資本に該当する。なお自己資本の総資本（他人資本＋自己資本）に対する比率を自己資本比率といい，企業の経営安定性をみる代表的な財務指標として市場からの関心が最も高い。

　内部資金による資金調達コストが最も低く（内部資金の調達コストは，機会費用等を考慮すればゼロではない），通常，企業は必要な資金を内部資金でどれだけまかなえるかを算出し，外部資金での調達額を決定する。なお，企業の資金調達行動と，その結果として保有する資産の内容は，**図表1－2**のようにバランスシート（Balance Sheet, B/S）に集約されている。これは，貸借対照表とも呼ばれている。

(2)　債権者と株主の利得

　企業の外部資金による資金調達において，銀行借入と社債は負債，株式は自己資本になることを確認した。これは，企業への資金の出し手からみれば，銀

行と社債保有者は債権者，株主は出資者という。債権者とは，企業に資金をあくまでも貸している経済主体であり，毎年契約上の利払いを受け，さらに償還期限がくれば元本を返済してもらう権利を有している。これに対して，出資者とは，企業の業務の遂行のために自らの財産を拠出し，企業経営のリスクも積極的に負う経済主体であり，企業から拠出金の返済や利払いを要求しない。その代わりに，出資者である株主は株式総会での意志決定に参加でき（株主総会での議決権は，株式持分に比例して与えられる），各期における企業業績に応じて配当を受け取る権利を有している。また，株主には企業が解散した場合，残余資産に関して分配を請求できる残余財産分配請求権も与えられている。

　債権者と株主の企業に対する利得は，どのように表されるのかを図示することによって，資金の出し手である両者の特徴を比較検討しよう。

　ここで，簡単化のために社債と株式を発行して資金調達を行い（内部資金はゼロ），財・サービスを生産する企業を考える。社債の発行額はB（円）であり，償還期限は1年，利率はrとする。したがって1年後，企業が債権者である社債保有者に支払わなければならない総額は$(1+r)B$となる。企業はこの社債と，ある一定の株式発行で得た資金で企業活動を行う（法人税はゼロとする）。

　企業の生産活動から得られる収益をXとする（ここで，収益Xは営業利益であり，利払い前の利益である）。企業は，まず初めに，収益から債権者に元

図表1−3　債権者の利得

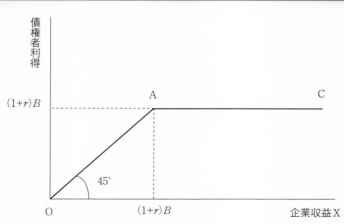

図表1－4　株主の利得

本と利子を支払わなければならない義務がある。債権者への支払いが済み、残余利益が残れば（経常利益がプラス）、企業はこの利益を株主に配当として与える。すなわち債権者は、株主の配当よりも先に支払いを受ける優先権を持っている。このことから、社債の保有者である債権者の利得は**図表1－3**、出資者である株主の利得は**図表1－4**のように描くことができる。いずれも横軸に企業収益 X、縦軸に各経済主体の利得を示している。

　はじめに債権者の利得は、図表1－3の直線 OAC となる。企業収益が（1＋r）B 以上の場合、債権者の利得は元本と利子の合計額となる。このとき、企業の収益が大幅に（1＋r）B を上回っても、債権者の利得は最大（1＋r）B のままである（直線 AC）。しかし企業の収益が（1＋r）B を下回るほど、債権者の利得は減少していく（直線 OA）。企業収益が（1＋r）B よりもかなり小さい場合、債権者は利子だけでなく元本 B の返済も受けることができなくなる。この場合、債権者にとって、当該企業への債権は不良債権となる。なお、企業の債務不履行のことをデフォルトという。

　一方、株主の利得は、図表1－4の直線 ODE となる。企業にとって収益が、（1＋r）B 以下になれば全額債権者に支払うため残余収益はゼロとなり、株主へ配当を支払うことはできない。したがって、この場合の株主利得である配当はゼロとなる（直線 OD）。株主へ配当を支払うことができるのは、企業収益

が $(1+r)$ B を超えた場合であり，残余利益がプラスの値をとるときである。したがって企業収益が $(1+r)$ B を超えれば，株主はそれに等しい額を配当として受け取ることができる（直線 DE）。この場合，株主の利得（配当）総額は，$X-(1+r)$ B となる。

　以上のように，社債保有者である債権者は，企業の収益から優先的に資金を回収することができるが最大 $(1+r)$ B であり，企業の収益水準によっては元本の回収もできなくなる可能性がある。企業収益がゼロの場合，債権者の利得もゼロとなる（図表1−3のO点）。このことから債権者も企業経営にリスクを負っているといえる。しかし図表1−3と図表1−4を比べれば明らかなように，経営のリスクを負っている程度は，株主の方が債権者よりも大きいことがわかる。なぜなら株主にとって，企業収益が $(1+r)$ B 以下である限り，株主の利得はゼロであり続けるからである。

　また，債権者および株主は，企業にどのようなタイプのプロジェクトを選択して欲しいのかについて異なった考えを持っている。債権者は，企業に比較的安定したプロジェクトを選択することを要求するのに対して，株主はある程度リスクの高いプロジェクトを選択するよう要求する誘因がある。これは，図表1−3の直線 AC で表されているように，債権者にとって，企業収益が非常に大きくなっても利得は最大限 $(1+r)$ B のままである。したがって，債権者は企業に対して収益が $(1+r)$ B をある程度上回るぐらいの安定したプロジェクトを選択する方が，ハイリスク・ハイリターン型のプロジェクトを選択するよりも望ましいと判断するようになる。

　一方，株主にとって企業収益が $(1+r)$ B を超えなければ利得はゼロのままであり，$(1+r)$ B を超えれば比例的に利得は上昇するので，ハイリターンが得られるようなプロジェクトを選好する傾向にある。ハイリターンが期待できるようなプロジェクトは，不確実性下の世界において，同時にハイリスクでもあるので，株主の方が債権者よりもリスクの高いプロジェクトを企業が選択することを望む傾向にある。

　このように企業金融において，債権者と株主のペイオフ構造が異なることから，ステーク・ホールダーとしての企業への対応も異なる。

(3)　わが国における金融仲介機関と企業の関係

　戦後長らくの間，わが国の最も代表的な金融取引の特徴の一つとして，間接金融を中心としたメインバンクの存在があげられる。企業の資金調達の主流は，銀行からの借入であり，資本市場を通じた資金の調達は限られていた。さらに，企業は特定の銀行と長期的な取引慣行にあり，世界の他の諸国ではみられない日本固有の金融システムとしての特徴がある。

　一般にメインバンクとは，企業と次のような関係にある銀行のことをいう。すなわち，①融資残高が最大，②長期継続的な取引，③企業へ役員を派遣，④大株主，⑤融資・預金取引に付随する総合的な取引関係（コンサルティング，経済情報の提供等），⑥企業の経営危機時における緊急融資を通じた救済等であり，メインバンクは多面的に企業と関わり，当該企業の金融取引に関して主導的な役割を担っている。

　メインバンクにとって，このような関係を築くことの最大のメリットは，企業に対して長期継続的に審査・監査を行うことによって，「情報生産」機能を有することができる点である。一般に企業に関する情報については，借り手である企業と貸し手である銀行間では非対称性がある。したがって，銀行にとって企業に融資することは不確実性を伴う。しかし，長期継続的に企業に対して審査・監査を実施し，あるいは役員派遣による人的ネットワークを構築すれば，両者間の情報の非対称性を緩和することができる（情報の非対称性があることの問題については第4章で詳しく説明されている）。

　また，メインバンクは他の銀行を代表して情報生産を行う「委託された監視者（Delegated Monitor）」として企業の安定性を保証すれば，その他の銀行はメインバンクの審査・監視を信頼して当該企業へ融資を行うことができる。すべての取引銀行が，個別に当該企業を審査・監視すれば，その取引コストは経済全体では膨大となる。また審査・監視を受ける企業自身の負担も大きい。これらのコストは，最終的には国民負担に帰着する。メインバンクによる「情報生産」を通じて，取引コストが減少すれば，経済全体の効率性にも寄与することができる。さらに企業にとってもメインバンクの存在は，情報の提供や経営状態が悪化したときの緊急融資を受けることができる等，メリットは非常に大きい。このように，双方にとって望ましい側面が多くあることから，メインバ

ンク制は長らく維持されてきた$^{(1)}$。

　また，メインバンクは企業へ資金を融資する最大の債権者であると同時に大株主でもある。一方，銀行の融資先企業の中では，大企業もメインバンクの株式を多く保有している。長期継続取引関係にある銀行と企業が，相手先の株式を保有していることを株式持合という。これは，お互いの企業が安定株主を増やすことによって，とりわけ外資からのM&Aを回避するために進展したものである。特に，財閥グループ内において顕著にみられた構造である。

　しかし，戦後わが国の独特な金融取引関係として続いてきたメインバンク制度や株式持合は大きな変革期に直面している。1990年代以降の深刻な不況下において経営破綻企業が続出し，メインバンクによる救済が困難となった。また銀行の不良債権が急増し経営状態が悪化したため，従来のようなサービスや緊急融資等を企業に提供できなくなったこともメインバンク制の変化をもたらしている。また，銀行は株価が長期にわたって低下するほど，株式持合によって株式を保有することのリスクが高まるため，株式の売却を余儀なくされる場合もある。一方，大企業では，有価証券の発行による資金調達が増加し，相対的に銀行からの資金調達依存度は低下している。このため代表的な日本型の金融システムとして理解されていた間接金融優位から直接金融へのシフトがみられるようになってきている（しかし中小企業にとっては，資本市場での資金調達は依然として困難であり，銀行からの借入である間接金融が主体である）。

第2節　消費と貯蓄

(1)　異時点間モデル

　金融仲介機能は，銀行などの金融仲介機関を通じて，最終的な貸し手である資金余剰者（黒字主体）から最終的な資金不足者（赤字主体）に資金の貸借取引を実現させることによって資金の効率的配分と経済の成長に資することにある。

　この金融の機能を理解するために，家計の消費行動を例にとって説明する。ここでは，簡単化のために，消費の期間を現在と将来の2期間で表し，現在の所得をY_1，将来の所得をY_2とする（就労期間の所得をY_1，老齢期の所得を

Y_2と2期に大別して理解しても構わない)。次に，第1期の消費（Consumption）を C_1，貯蓄（Saving）を S とする。第2期の消費 C_2は，第2期の所得 Y_2に第1期の貯蓄に利子を加えた値に等しい。貯蓄の利子率を r とおけば，各期の予算制約式は以下のとおりになる。なお，第2期末に貯蓄を資産として残さないと仮定する[2]。

$$Y_1 = C_1 + S \tag{1}$$

$$Y_2 + (1+r)\ S = C_2 \tag{2}$$

上記の2式より，貯蓄を消去して一つにまとめれば，2期間にわたる予算制約式を次のようにまとめることができる。

$$C_2 = -(1+r)\ C_1 + (1+r)\ Y_1 + Y_2 \tag{3}$$

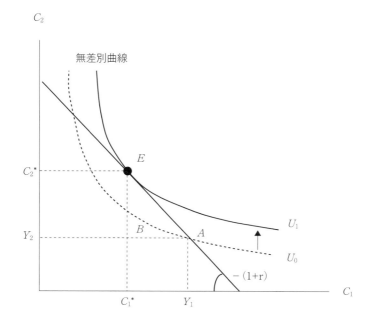

図表1-5　異時点間における所得と消費

　これは，**図表1－5**において傾きがマイナス（$1+r$）の右下がりの直線として表される。消費者は，この予算制約内で各期の消費水準を決定しなければならない。なお，利子率が上昇すれば，傾きが急になり切片も増加するので消費可能領域は増加する。

　(3)式を以下のように，消費と所得の項に分けて書き換えることによって，2期間にわたる予算制約式の意味をより正しく理解することができる。

$$Y_1 + \frac{Y_2}{1+r} = C_1 + \frac{C_2}{1+r} \qquad (4)$$

　(4)式の左辺は2期間にわたる所得の現在割引価値，右辺は消費の現在割引価値であり，両者は等しくなければならないことを示している。1期間のみであれば，その期の所得と消費が等しいことが予算制約式となるが，複数期間であれば，すべての期における所得と消費の現在割引価値が等しいことが予算制約式となる。

　消費者は，(3)式または(4)式における予算制約の下で，第1期と第2期の最適な消費水準を決定する。消費者の効用関数を以下のように表す。

$$U = U\,(C_1,\ C_2) \qquad (5)$$

　ここで，消費から得られる限界効用（MU；Marginal Utility）はプラスであり，限界効用は逓減する。上記の仮定より，無差別曲線は図表1－5のように原点に対して凸な曲線として示すことができる（U_0またはU_1）。2期間にわたる消費の組み合わせは無数に考えられるが，同じ無差別曲線上であれば，その消費行動から得られる効用水準は等しい。また，無差別曲線は交わることはなく，原点より遠くなればなるほど効用水準は高くなる。したがって，U_0上にある消費の組み合わせよりも，U_1上にある消費の組み合わせから得られる効用水準のほうが高い。

(2)　最適消費行動

　消費者は，消費水準を無限に増加させることはできず，2期間にわたる予算制約の中で最適な消費行動を選択しなければならない。したがって，図表

1－5の右下がりの直線として表されている予算制約線の内部が消費可能な領域となる。

この場合，効用が最大化されているのは E 点であり，第1期の最適な消費水準は C_1^*，第2期の最適な消費水準は C_2^* である。均衡点である E 点では，無差別曲線と予算制約線は接している。無差別曲線の傾きをマイナス1倍した値は限界代替率であり，均衡点では次の(6)式が成立していることとなる。

$$限界代替率 = -\frac{dC_2}{dC_1} = \frac{\partial U/\partial C_1}{\partial U/\partial C_2} = \frac{MU_1}{MU_2}$$
$$= 1 + r = 予算線の傾きの絶対値 \tag{6}$$

ここで，最適な消費水準である E 点と，各期の実際の所得水準である A 点を比較してみよう。まず，各期の最適な消費水準は，各期の実際の所得水準と異なっていることが明らかである。A 点より，第1期の所得 Y_1 は相対的に第2期の所得 Y_2 よりもかなり大きい。これに対して，第1期の最適消費水準は C_1^* であり Y_1 よりも少ないので，A 点と B 点の差は貯蓄 S を意味している。つまり，ここでの消費者は第1期の所得水準が十分大きいため一部を貯蓄し，それに利子を加えた金額を第2期の消費にまわしていることがわかる。第2期の所得水準が第1期よりも相対的に低いため，第1期に貯蓄をすることによって，第2期では同じ期の所得以上の消費を実現させることができるのである。

ここで，E 点と B 点の差は，第1期の貯蓄 S に $(1+r)$ を掛けたものであり，$(1+r)S$ と等しくなる。この値は，第1期の貯蓄とそれから得られる利子の合計であり，これらを第2期の消費にあてていることがわかる。

仮に，最適な消費均衡点である E 点が，A 点より右下の予算制約線上にあれば，上述した内容と反対になる。この場合，第1期の消費水準は同じ期の所得水準を上回るため，消費者は第1期に資金を借り入れることとなる（マイナスの貯蓄）。一方，第2期の消費水準は同じ期の所得水準よりも低くならざるをえない。なぜならば，第1期に資金を借り入れたため，第2期には利子を加えて金融機関に返済しなければならないからである。

(3)　資金の効率的配分

　実際の世の中には，様々なタイプの消費者が存在し，貯蓄する人（プラスのS）もいれば資金を借り入れる人（マイナスのS）もいる。彼らは，自身の最適な消費行動から各期の消費水準を決定し，結果的に貯蓄をするか資金を借り入れるかを選択できる。これを金融機関の立場から考察すれば，資金余剰者から資金不足者へ資金を移転させることができていると言い換えることができる。

　ここで上述したような金融機関がなく，現金しかない社会を想定してみよう。消費者は，基本的に各期の所得に等しく消費をすれば，消費の組み合わせはA点であり，E点よりも効用水準が低くなる。また，自分で次期に備えて貯蓄したとしても，この金融資産を安全に管理することには限界がある。また，利子が得られないので消費可能領域も縮小する。さらに，金融機関がないため，資金不足者は資金を借り入れることもできない。一般に，資金不足者としては，消費者だけでなく，設備投資等を行う企業が代表的な経済主体としてあげられる。この場合，企業は資金を借り入れることができないため投資を実行することさえできなくなる。

　金融機関が黒字主体である資金余剰者と赤字主体である資金不足者を仲介することによって，資金を移転させ異時点間における資金の効率的配分を実現し，経済の成長と発展に貢献することができるのである。さらに，資金貸借のための取引が行われ，経済全体における資金の過不足が調整される場が金融市場である。具体的には，資金の借り手が資金の貸し手よりも多ければ，金融市場において資金が不足し利子率は上昇する。反対に，資金の借り手が資金の貸し手よりも少なければ，資金が余剰となり利子率は低下する。以上より，金融市場で利子率が，資金の需要と供給に対応して変動することによって，経済全体の資金不足が調整されるのである。これが金融仲介機能の最も大切な側面であり，同時に金融市場が存在することの意義も確認することができる。

第3節　金融決済の仕組み

(1)　決済機能

　銀行は，金融仲介機能を有しているだけでなく，債権・債務関係を清算させる決済機能も有している。消費者や企業は，財・サービスを需要した場合，その対価として相手に支払いをしなければならない。この決済のために用いられる支払い手段を決済手段という。また，支払い手段を提供する金融機関がオンライン等で有機的に結びつき，経済全体での円滑な決済を実現する仕組みを決済システムという。財・サービスの取引が拡大し経済が成長するためには，決済が円滑でなければならず，組織的な決済システムは重要な社会インフラの一つと位置づけることができる。

　一般に，取引当事者間で決済に用いられる決済手段は，法定通貨でもある現金である。これは，最も基本的な決済手段であり，小口取引の手段として消費者や企業が幅広く用いている。しかし，大口の取引になるほど，現金取引には時間と手間がかかりコストが生じる。また，紛失や盗難等のリスクも伴うため代替的な手段が求められる。

　現金以外で，最も利用されている決済手段は銀行の要求払預金である。消費者と企業は，この預金口座を通じて，小切手・手形，クレジット・カード，自動引落し等の支払いを行うことができる。遠方かつ大口の取引であっても預金口座を通じて，自身の取引先金融機関に指図し，先方の取引先金融機関の預金口座に資金を振込み移転させることによって決済を完了させることができる。預金口座を通じた決済は，安全で効率的であることから決済手段として最も多く活用されている。もっとも，預金口座が決済手段として用いられるのは，いついかなる時でも口座保有者が要求すれば現金化できるという信用が背景にある。このことからも，経済取引を活発化させることができるのは，円滑な決済手段が機能していることが前提であることを理解する必要がある。

(2)　日銀ネット

　また，各民間金融機関は日本銀行に当座預金口座を持っている[3]。これは，

金融機関同士の資金取引や金融機関と日本銀行との資金取引を行うときに用いられる（これとは，別に準備預金制度の下，各金融機関は保有預金残高の水準等に応じて，一定の金額を日本銀行当座預金に預けなければならない規制があることも，日本銀行に口座を持つ理由である）。日本銀行と金融機関との間の資金決済をオンラインで処理するネットワークが構築されており，これを日銀ネット（日本銀行金融ネットワークシステム）という。

　消費者や企業は財を購入した場合，買い手の取引先金融機関がこの日銀ネットを通じて売り手の取引先金融機関に資金を移転させることによって決済が完了することとなる。具体的に手形や小切手取引の場合は，全国各地にある手形交換所に毎日一定時間までに持ち寄り，金融機関毎の差額を算出する。そして，その差額を各金融機関が日本銀行当座預金口座を用い日銀ネットを介して，各々の口座に入金または引落とすことによって清算する集中決済制度が基本的に取られている（クリアリング・システム）。わが国の民間の資金決済システムは上記のようなクリアリング・システムが原則であり，日々膨大な取引に達している。なお，2011年11月より民間の決済システムでも大口の取引になれば，1件毎の決済に移行している。また，手形交換制度の他には，内国為替制度および外国為替円決済制度が代表的である。

　ここでは，内国為替制度について日銀ネットとどのように関わっているか図を用いて説明する。**図表１－６**では，企業Ａが企業Ｂより財を購入した場合を取り上げている（1件1億円以上）。この時，企業Ａは自身の取引先金融機関であるＸ銀行に，企業ＢがＹ銀行に保有している口座に振込むよう指図する。依頼を受けたＸ銀行は企業Ａの口座から振込額を引き落とす。そして，Ｘ銀行はこの情報をＹ銀行に伝え，Ｙ銀行は企業Ｂの預金口座に入金する。

　こうした一連の取引ができるのは，民間システムである全銀センターを通じて，オンラインで日銀ネットによって決済できる仕組みになっているからである。具体的には，Ｘ銀行の日銀当座預金口座から引き落とされ，同額がＹ銀行の日銀当座預金口座に入金される。最終的には，以上のように各金融機関の日銀当座預金口座間の振替で決済が完了することとなる。なお，1件当たりの取引額が1億円以下の場合は，全銀センターで金融機関毎に支払いと受取りの差額が算出され，その差額が日銀ネットを通じて決済される。

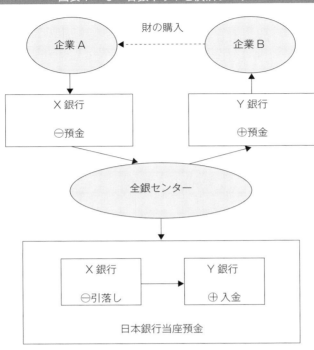

図表1－6　日銀ネットと決済システム

　以上が，内国為替制度における資金決済であるが，手形交換決済制度と外為円決済制度も同様に日銀ネットを通じて，各金融機関間における日銀当座預金の振替によって決済を行っている。このように日本銀行は，日銀当座預金を用いて資金決済を行うシステムを提供し，わが国決済システム全体の安全性と効率性の確保に努めている（なお，国際間の決済については第8章で説明する）。

(3)　グロス取引とネット取引

　決済には，大量の小切手や手形を持ち寄り，その差額を金融機関間で資金移転させることによって完了させる場合と，大口取引のように1件毎全額決済する場合の二通りがある。前者をネット決済，後者をグロス決済という。
　民間決済システムはネット決済が多いが（大口取引を除く），日銀ネットにおける民間金融機関と日本銀行の取引は，即時グロス決済（RTGS, Real Time

Gross Settlement）で行われている。即時グロス取引とは，日本銀行が金融機関からの振替指図を1件毎，即時に決済することをいう。

　これに対して，従来は時点ネット決済（Designated Time Net Settlement）が基本であった。時点ネット決済とは，あらかじめ定められた決済時間まで振替指図をためておき，決済時間になれば金融機関毎に受取総額と支払総額を算出し，その差額のみを振替決済することをいう。この時点ネット決済では，金融機関が決済に必要な金額を少なくすることができるメリットがある。しかし，ある銀行が支払い不能になれば，その時点における決済がすべてストップし，信用リスクや流動性リスクが発生するデメリットがある。そして，支払いを受けられなくなった金融機関が連鎖的に決済できなくなるシステミック・リスク（Systemic Risk）が生じる可能性もある。

　したがって，即時グロス決済にすれば，決済は1件毎行われるので，ある金融機関が支払い不能となっても，その影響を受けるのは取引相手のみでありシステミック・リスクが発生する可能性を大きく低下させることができる。近年，海外との大口な金融取引が盛んに行われるようになり，国際的なシステミック・リスクを回避するためにも海外の中央銀行は即時グロス決済を採用している。

　しかし，即時グロス決済では金融機関の決済に必要な資金が増加するため，金融機関の日銀当座預金が一時的に不足する事態も想定される。この場合，日本銀行は一時的に適格担保の範囲内で日中当座貸越という形で資金を供給している。

　経済活動には，その背景に資金の移転を必要とする。これを反対に見れば，円滑な資金の移転を可能にする決済システムがなければ，日々の経済活動にも大きな支障が出てくることがわかる。安全で効率的な決済システムを構築することは，経済の発展に欠かせない政策である。

第4節　短期金融市場と長期金融市場

(1)　日本の金融市場

　金融市場は，**図表1-7**にまとめられているように短期金融市場と長期金融

図表1－7　金融市場

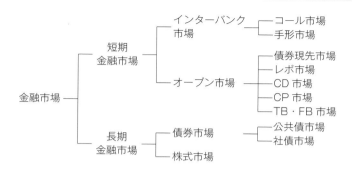

市場がある。一般に，取引期間の満期が1年未満の場合を短期取引，1年以上の場合を長期取引という。しかし，債券市場等で仮に満期が10年物の長期債券を購入した場合，分類上は長期金融市場であるが，流通市場で3カ月後に売却すれば実質的には短期取引となる。なお，株式は満期がないため長期金融市場に分類されている。

　図表1－7では，市場型取引の金融市場を列挙しており，ここでは不特定多数の市場参加者によって資金の取引が行われ，その需給関係によって各金融市場で利子率が変動し金融市場での均衡が調整されている。これとは別に，銀行貸出のように銀行と企業の相対取引による貸出市場もある。したがって，市場型取引の場を「狭義の金融市場」，これに相対型取引の貸出市場を加えた場合を「広義の金融市場」と大別する場合もある。

　図表1－7において，短期金融市場はインターバンク市場とオープン市場に分けられる。インターバンク市場は，銀行等の民間金融機関と日本銀行のみが参加できる市場であり，コール市場と手形市場から構成される。オープン市場は，企業・地方公共団体・共済組合・個人投資家等の非金融機関が参加できる市場である。日本銀行は，とりわけインターバンク市場の手形市場やオープン市場で市場介入することによって，国内の資金量あるいは利子率に影響を及ぼす金融政策を実行している。

　また，金融市場には上記のような現物取引を対象としている他に，先物・スワップ・オプション等が組み入れられた金融派生商品（Derivatives）を取引す

るデリバティブ市場があり，近年，市場は著しく拡大している（デリバティブの特徴については第7章を参照されたい）。

　次に，長期金融市場は債券市場と株式市場に分けられている。債券市場で取引されるのは，主に国債・地方債・社債である。債券市場と株式市場ともに，新規の債券・株式を発行する発行市場と，発行済み債券・株式を投資家の間で売買する流通市場がある。国・地方公共団体・企業が資金を新規に調達するのは発行市場である。流通市場は発行者とは別に第三者間で資金が移転しているだけであり，企業が新規に資金を調達している市場ではない。しかし，流通市場で形成される債券価格や株価の動向は，将来発行市場で新規の債券や株式を発行するときに大きな影響を及ぼすため，発行者は流通市場の動きを常に注視している。

　長期金融市場は，上記のように債券や株式等の有価証券が売買される市場であり，資本市場あるいは証券市場とも呼ばれている。実際の取引は，東京証券取引所や大阪証券取引所等で行われている。また，証券取引所以外の取引として，非上場株等を対象として証券会社の店先で売買する店頭取引がある。

(2)　短期金融市場

①　インターバンク市場

　インターバンク市場は，コール市場と手形市場から構成され，銀行や証券会社のみが参加できる市場である。

　初めにコール市場とは，金融機関の一時的な資金過不足を調整する市場のことをいう。金融機関同士の資金貸借であり，決済は日本銀行当座預金口座を通じて行われる。満期は，半日物から1年物までの取引があるが，取引の中心になっているのは翌日物（オーバーナイト）の超短期取引である。ここでは，無担保取引が主流である。満期期間が，1週間や1カ月あるいは数カ月の場合は，ターム物と呼ばれ国債等を担保とした有担保取引の規模が大きくなる。

　コール市場は，上述のように金融機関同士による無担保での短期資金貸借が主流であり，その名称は「呼べばすぐに戻ってくる資金」（Money at Call）に由来している。資金の貸し手は，主に信託銀行，地方銀行，農林系金融機関である。一方，資金の借り手は，都市銀行，在日外国金融機関である。なお，コー

ル取引は短資会社が仲介する場合と，当事者間で直接行う場合がある。

　コール市場で成立する金利のことをコール・レートという。この中でも，無担保コール翌日物レートは，日本銀行による金融調節の誘導対象であり，わが国の政策金利である。

　次に手形市場は，コール市場よりもやや長めで主に1週間から3カ月程度の資金貸借を手形の売買によって行う市場のことをいう。最終的な決済は，コール市場と同様，日銀当座預金を通じて行われる。手形市場で成立する金利のことを手形レートという。

　手形市場は，日本銀行による手形オペの対象でもあり，金融政策の手段として金融市場の資金需給調節を図り（公開市場操作，オペレーション），間接的に政策金利であるコール・レートをその目標値に誘導することを図っている。日本銀行が，手形市場で金融機関が保有している手形を買えば（買いオペ），金融市場に資金が供給され金利低下要因となる。反対に，日本銀行自身が保有している手形を売れば（売りオペ），市場から資金を吸収することとなり金利上昇要因となる。

②　オープン市場

　オープン市場は，民間企業，地方公共団体および個人投資家が参加できる自由競争的な市場である。さらに，ほとんどのオープン市場において日本銀行がオペレーションを実施している。

　まず，債券現先市場とは一定期間後にあらかじめ定められた債券価格で債券を買い戻すあるいは売り戻すことを約束した条件付き債券売買取引を行う市場である。したがって，債券の売買であるが，買い戻すまたは売り戻すことを条件としているため，事実上，債券売買の形をともなった資金貸借という機能を果たしている。資金を借りる方は，まず保有している債券を売却することによって資金を調達し，一定期間後に利子を加えて資金を支払い債券を買い戻す。この間は，事実上，資金の借入れをしていたことと同じである。なお，現先市場で成立する金利は，現先レートと呼ばれている。対象となる主要な債券は国債であり，満期期間は翌日物から数カ月物までである。

　次に，レポ市場とは国債等の債券を担保とした資金貸借であるレポ取引

（Repurchase Transaction）を行う市場である。これは，先の債券現先取引は債券の売買を伴うのに対して，レポ取引はあくまでも債券の貸借を通じて資金の貸し借りを行うものである。具体的には，まず債券の保有者は取引相手に債券を一時的に貸すことによって資金を借りる。そして，決済日にその債券の貸し手は金利（付利金利）を付けて資金を返済し，債券が戻ってくる。このとき，債券の貸し手は，債券の借り手より債券貸借料を受ける。したがって，債券を貸すことによって資金を調達する借入金利は，実質的に「付利金利−債券貸借料」となり，これをレポ金利という。

　CD市場は，譲渡可能な定期預金（Certificate of Deposit）が取引されている市場である。CDは，自由金利であり企業の大口な資金運用の場として活用されている。譲渡可能であるため流通市場が形成され，オープン市場の主要なマーケットの一つになっている。

　次に，CPとはコマーシャル・ペーパー（Commercial Paper）の略称で，企業が短期資金のために発行した社債のことをいう。CP市場は，欧米では銀行借入に次ぐ資金調達手段となっている。また，企業が保有する売掛債権や手形債権などから得られる収入を裏付けにして発行されるCPを，とくにABCP（資産担保コマーシャル・ペーパー，Asset Backed Commercial Paper）という。

　最後に，TBとFBとは，各々，割引短期国債（Treasury Bill）と政府短期証券（Financing Bill）の略称であり，国庫の一時的な資金不足を解消するために発行される満期の短い国債である。TBは，国債の大量償還や借換の対策として発行が開始され，期間は6カ月から1年が多い。FBは，3カ月程度の償還期間が多い。いずれも，政府の発行した短期債務であることから信用度が高く，また大量に発行されているため市場の流動性が高い。さらに，日本銀行の代表的なオペレーションの場であることからも，オープン市場の中では中核的なマーケットとして位置づけられている。

(3)　長期金融市場
①　債券市場

　債券は，発行主体別によって様々な種類があり，公共債としては国が発行する国債，地方公共団体が発行する地方債，政府関係機関が発行する政府保証債

等がある。これに対して，企業が発行する社債（または事業債），外国の政府や企業が発行する外国債等がある。いずれも長期資金を調達するための債務証書であり，返済の義務がある。資金の借入期間中は，あらかじめ定められた利子を支払い，満期時には元本を償還しなければならない。

　長期金融市場では，満期期間が30年を超える取引もあり，満期期間が長くなるほど利子率は上昇する。これは，資金の借り手からみれば，長期の資金を貸すことは将来の不確実性を反映してリスクがあるため，それに見合ったリターンをリスク・プレミアムとして要求するためである[4]。

　代表的な債券市場は，国債市場である。これは，政府の発行した債務として信頼があり，また財政赤字を起因として大量に発行され流通規模が大きいためである。国債は，満期によって短期国債（１年以内）とは別に，中期国債（２〜５年），長期国債（６〜10年），超長期国債（10年超）に分けられる。発行方法は，多数の応募者による競争入札を通じて行われる。この入札方式のことを公募入札といい，対象となっている債券を公募債という。一方，社債には特定少数の投資家に対して発行される場合があり，これを私募債という。

　民間企業が社債を発行するとき，格付機関から信用リスクの評価を受けることを重視している。主要な格付機関として，わが国では格付投資情報センター・日本格付研究所，海外ではムーディーズ（Moody's）・スタンダード＆プアーズ（Standard & Poors）等が挙げられる。格付けが高ければ投資家は積極的に買おうとするため，企業の資金調達は順調に進むが，格付けが低ければ資金調達は困難になる傾向がある。

②　株式市場

　株式は，第１節で説明したように，企業が自己資本金を調達するために発行するものである。株主には，配当が利益として還元され，また株主総会における議決権が保有量に比例して与えられる。また，株主は企業に対して残余資産請求権も有する。

　企業が新規に株式を発行するのは，設備投資等に必要な資金を調達する場合が多い。大型の投資になれば，事業が軌道に乗り十分な利益を得るためには相当の時間を要する。銀行借入や社債の発行は，事業で十分採算が取れるように

なる前から利子率を支払っていかなければならないため，企業の資金繰りが厳しくなる場合があるためである。

　企業が新たに株式を発行することを増資という。通常は，投資家から資金を受け取って新株を発行する。このことを，有償増資という。なお増資は，公募・株主割当・第三者割当に分類される。公募とは，株式市場を通じて広く一般の投資家に対して募集することを意味する。これに対して，株主割当は既存株主に新株引受権を付与することであり，第三者割当は関連企業や取引先等の特定の第三者に新株を発行することをいう。

　株式流通市場では，株式を発行した企業以外の第三者間で株式売買が行われる。わが国の株式市場では，近年，個人の持ち株比率が低下し，機関投資家の株式保有比率が上昇している。このようなことは，機関化現象とも呼ばれている。さらに，外国人投資家の取引が活発化し，外国人の株式保有比率が上昇している。

　証券取引は資本主義経済の根幹であり，証券取引所を整備拡充し効率化させることは経済成長のためにも必要不可欠である。証券市場において，株価操縦やインサイダー取引等の不公正な取引が行われれば，投資家からの信頼が失われ市場参加者が大きく撤退していく可能性がある。したがって，金融庁の下に証券取引等監視委員会が設けられ，不公正な取引が行われていないか常に監視し，市場の透明性と効率化の向上に努めている。

【注】

(1)　すべての企業が，経営が悪化したときにメインバンクから救済措置を受けることができるわけではない。メインバンクは，企業救済措置を行った後，当該企業の経営再建はほぼ確実で，長期的な利益が救済コストを上回ると見込まれる場合に救済措置をとる。救済コストにはメインバンクの名声などの非金銭的要因も含まれている。このようにメインバンクは，慈善的に企業を救済するのではなく，あくまでも利益とコストを比較検討した結果として企業を救済し，メインバンクとして長期関係を保つか否かの判断をする。

(2)　S がプラスならば金融資産としての貯蓄を増加させ，マイナスならば資金を借り入れていることを意味する。本文では第2期後に貯蓄を残さないことを前提としているが，子孫のために遺産として貯蓄をプラスのまま残す場合に応用することもできる。しかし，この場合も結論は本論と同様である。

(3)　日本銀行の当座預金は，原則として利子は付かない。しかし，2008年11月以降，

　　日本銀行が特に必要と認めた場合の特例として，法定準備を上回る超過準備については，日本銀行が定める一定の適用利率（0.1％）を付けている。

(4)　短期金利と長期金利の詳しい関係は，本章の *Column* を参照されたい。

＜参考文献＞

古川顕（2014）『テキストブック　現代の金融（第3版)』東洋経済新報社。
福田慎一（2014）『金融論』有斐閣。
藪下史郎（2009）『金融論』ミネルヴァ書房。

Column

金利の期間構造とイールド・カーブ

　債券の残存期間と利子率を結んだ曲線はイールド・カーブ（Yield Curve）と呼ばれ，金利の期間構造を示すものとして幅広く活用されている。通常，下の**図表1－A**の左図のように残存期間が長くなるほど利子率は上昇し，これを順イールド・カーブという。一方，例外的に右図のように残存期間が長くなるほど利子率は低下する場合もあり，この曲線のことを逆イールド・カーブという。

図表1－A　イールド・カーブの形状

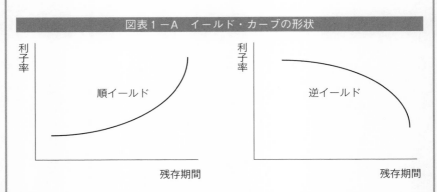

　イールド・カーブの形状は様々な要因によって変化するが，理論的な要因として一般に，「純粋期待仮説」「流動性プレミアム仮説」「市場分断仮説」がある。純粋期待仮説は，長期金利は将来の短期金利の期待値として決定されるという考えである。したがって，将来の短期金利の予想が高くなるほど長期金利も上昇する。このように，将来の予想短期金利と長期金利が連動する裁定取引を通じて，イールド・カーブの形状が決まることになる。

　流動性プレミアム仮説は，残存期間が長くなるほど資金の流動性が低下しリスク（不確実性）が大きくなるため，その分，長期金利は短期金利よりも高くなるということである。

　最後に市場分断仮説とは，短期金利と長期金利は別々の市場で，各期間における資金の需給条件によって決まるという仮説である。ここでは，純粋期待仮説のように短期金利と長期金利は連動しないこととなる。

　図表1－Bでは，国債利回りを対象とした実際のイールド・カーブを表している。横軸は，国債の残存期間（1〜10年までの各年，15，20，30年）である。

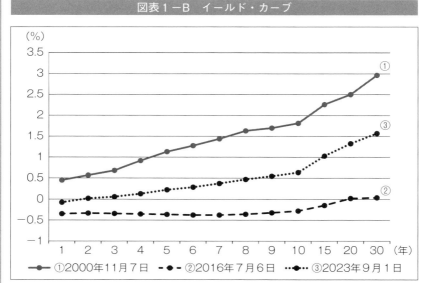

図表1-B　イールド・カーブ

（出所）　財務省HPより作成。

縦軸には，各々の残存期間に対する国債利回り（％）を示している。ここでは2000年代以降，10年物利回りが最も高かった2000年11月7日と最も低かった2016年7月6日および直近（本グラフ作成時）の2023年9月1日時点におけるイールド・カーブを示している。

　3つのイールド・カーブは，残存期間が長くなるほど利回りは上昇し順イールドの形を表している。マーケットは，長期的には金利の上昇を予測していると考えられる。イールド・カーブ2は，イールド・カーブ1よりもすべての期間において利回りは低い水準にある。これは，安倍政権発足以来の異次元な超金融緩和政策によって，すべての期間で利回りが低下したためである。とりわけ，短期金利を政策的に低下させることを通じて，長期金利も波及的に低下させることを時間軸効果という。2016年1月マイナス金利政策が導入された後，国債利回りもマイナスの値になった。2016年9月の長短金利操作（YCC：Yield Curve Control）によって，イールド・カーブの極端なフラット化の是正が図られた。その結果，イールド・カーブ3のように上方シフトし現在に至っている。

　イールド・カーブは，市場参加者の短期と長期の期待が反映されたものであり，将来の景気動向と密接に関連しているため，重要な金融指標の一つとなっている。

第2章

信用創造とマネー・ストック決定メカニズム

　　本章の目的は，信用創造モデルを用いて，マネー・ストック（マネー・サプライ：貨幣供給量）がどのようなプロセスを経て変化するのかを明らかにすることである。マネー・ストックは，中央銀行が日本銀行券を発行した後，民間銀行による企業への貸出行動を通じた預金通貨の創造によって決定される。さらに，このマネー・ストックは経済の取引活動の中で重要な役割を果たし，国民所得水準との関連性も高い。したがって，本章では実際の金融的現象と経済動向を関連させながらマネー・ストックの変化について説明する。

　　また，過去の金融政策の有効性と限界について，その背景と要因を考察する。さらに，金融仲介機関の担保価値に関する将来期待の変化が，過大なマクロ経済活動の変動をもたらすプロセスを明らかにする。そのことにより，金融市場の動向が実体経済に大きな影響を及ぼすことが理解できる。

Key Words

ハイパワード・マネー　マネー・ストック　法定準備　超過準備　信用創造　信用乗数　本源的預金　派生的預金　担保価値

第1節　ハイパワード・マネーとマネー・ストック

(1)　ハイパワード・マネー
①　ハイパワード・マネーの定義

　中央銀行である日本銀行が供給した資金の総量をハイパワード・マネー，または，ベース・マネー（マネタリー・ベース）という。これは，金融仲介機関による信用創造の基礎（base）になることからこのように名づけられている。ハイパワード・マネーを供給することができる経済主体は中央銀行のみであり，各国の紙幣は中央銀行券（以下，銀行券）とも呼ばれている。中央銀行は，マクロ経済の安定的成長に資するようハイパワード・マネーの供給量を調節させている[1]。

　一方，中央銀行がハイパワード・マネーを市場に供給すれば，そのハイパワード・マネーは大きく分けて，民間非金融部門（家計や企業等）と金融部門の二つの経済主体に保有される。したがって，次の恒等式が事後的に成立する。

　ハイパワード・マネー
　　　＝中央銀行の発行した現金（H：High-powered Money）
　　　＝民間非金融部門の保有する現金（C：Cash）
　　　　＋金融部門の準備金（R：Reserve）　　　　　　　　　　　　　　　　(1)

　民間非金融部門が保有する銀行券を現金といい，金融部門が保有する銀行券を準備金という。民間銀行の準備金は，中央銀行の口座に預けられて日銀預け金と呼ばれている。これは準備預金制度の下で，信用秩序政策の一つとして民間銀行は預金の引出に備えて，保有預金残高の一定比率を日本銀行に預けることが義務づけられている（法定準備金）ものである。また民間銀行は，各自の判断で法定準備を上回る現金を日本銀行に預けている。これは，超過準備金と呼ばれている。したがって，日銀預け金は法定準備金と超過準備金から構成されている。

　預金に課せられる法定準備金の比率を法定準備率といい，これは中央銀行が操作できる政策変数である。法定準備率は**図表2－1**のとおりであり，民間銀

図表2－1　法定準備率

預金残高区分	定期性預金 （譲渡性預金含む）	その他預金
2兆5,000億円以上	1.2%	1.3%
1兆2,000億円以上～2兆5,000億円以下	0.9%	1.3%
5,000億円以上～1兆2,000億円以下	0.05%	0.8%
500億円兆～5,000億円以下	0.05%	0.1%

対象金融機関：銀行，長期信用銀行，信用金庫（年度末預金残高1,600億円超）
（出所）　日本銀行HP（http://www.boj.or.jp）より作成。

行が保有している預金総額等によって異なっている[2]。基本的に預金残高が多くなるほど法定準備率が高くなる超過累進制を採用している。また，図表2－1のその他預金とは要求払い預金（普通預金と当座預金）であり，銀行からみれば定期預金と比べて，いつどれだけ引き出されるかが不確定である。このため，その他預金である要求払い預金に課せられている法定準備率は，定期預金に課せられている法定準備率よりも高めに設定されている。

　この制度下では具体的に，ある月の平均預金残高に対して，上述の法定準備比率が課せられ法定準備金（所要準備金ともいう）が決定される。各民間銀行は，当該月の16日から翌月15日までの1カ月間における日銀預け金の平均残高が，最低でもこの法定準備金になるよう義務づけられている。このため銀行によっては，もし積立ての前半期間に十分な準備金を日本銀行に預けていなければ，積立て後半期間に多額の準備金を預けなければならないという機会に直面することもある。日本銀行は各銀行の法定準備金の積み進捗率をみて，インターバンク市場の金利水準を操作している[3]。

　これらの日銀預け金は，日本銀行にとって民間銀行に対する負債であるので，日本銀行のバランス・シート（貸借対照表）上では負債勘定に記入される。反対に民間銀行から見れば，日銀預け金は民間銀行の日本銀行に対する資産となる。

②　ハイパワード・マネーの供給手段
日本銀行は負債であるハイパワード・マネーを無条件で際限なく発行するこ

とはできない。ハイパワード・マネーを発行するときは，その担保として中央銀行券発行に見合う優良資産を保有する必要がある。主なハイパワード・マネーの供給手段としては以下の四つがあげられる。

> 1．日本銀行の国債引受（FB の購入）
> 2．外貨購入（円売・ドル買）
> 3．日銀貸出
> 4．公開市場操作（国債や手形の購入）

　最初の日本銀行の国債引受とは，政府（具体的には財務省）が発行する国債を日本銀行が直接購入することを意味する。このとき国債の中でも，日本銀行が直接購入することができる債券は，政府が一時的（60日未満）な資金繰りのために発行する政府短期証券（FB；Financing Bills）だけに限られている。これは，中央銀行引受とも呼ばれている。基本的には，日本銀行は後でみるように金融市場を通じて国債を購入したり売却したりするが，FB に関しては政府から直接購入（引受）するものであり両者は区別されている（なお，政府は2000年4月より，FB を原則として市中公募入札で発行するようにした。日本銀行は，募集残額等の例外的な場合が生じたとき FB を引受ける。）

　日本銀行は FB を引受けることにより，政府に対する資産を保有し，それに等しい額の日本銀行券をハイパワード・マネーとして発行する。すなわち日本銀行は，ハイパワード・マネーを発行する見返りとして FB を資産として計上することになる。

　2番目の外貨購入によるハイパワード・マネーの発行とは，日本銀行が外国為替市場において円の通貨価値安定のために外貨を購入し，その結果として日本銀行券の発行残高が増加することを意味する。主な外貨はドルであり，円高ドル安が大幅にすすめば，日本銀行はこの為替レートの動きを安定化させるために為替市場に介入する。ここでの日本銀行の介入目的は，市場における円高ドル安の傾向を止めることであり，具体的には円安ドル高政策を採用することになる。したがって，日本銀行は為替市場において円売・ドル買を実施し，外貨であるドルを購入し，それを円で支払う。すなわち日本銀行が，円売・ドル

買をすればするほどドルという外貨資産の保有高が増加し，ハイパワード・マネーの発行残高も増加するのである。

　近年，日本銀行の外国為替市場における円売り・ドル買いの規模は急増し，その結果，日本銀行の外貨保有残高は世界有数の水準となっている。これは，先に述べたように為替レートを安定にすることと，停滞を続ける日本経済を回復させるためにハイパワード・マネーを大きく増加させることによって，さらなる金融の緩和を進める必要があったためである。

　3番目の日銀貸出は，日本銀行による民間銀行への貸出であり，その際に適用される貸出金利は従来，公定歩合と呼ばれていた。しかし，2001年に日銀貸出のことを補完貸付制度（ロンバート型貸付制度）と改め，貸出金利は「基準割引率および基準貸付利率」と名称が変更された。

　通常，民間銀行が保有する国債や優良手形等を担保に取り，日本銀行が資金を貸出し，一定期間後に当該銀行から回収する[4]。日本銀行は，民間銀行等への貸出金という資産を計上する一方，日本銀行券を直接銀行に発行するためハイパワード・マネーは増加することになる。1980年代までは日銀貸出がハイパワード・マネー発行の主要な要因であったが，年々その比率は減少し，その代りに次の公開市場操作が主要になった。これに伴い公定歩合変更政策の市場への影響力も小さくなってきているが，今日でも日本銀行の金融政策のスタンスを明示するものとしてのアナウンスメント効果を通じた影響力を有している。

　最後の公開市場操作とは，日本銀行によるインターバンク市場を通じた手形や国債等の有価証券の売買のことをいう。日本銀行が手形や国債を市場から購入することを買いオペレーション（買いオペ）といい，反対に，それらを売却することを売りオペレーション（売りオペ）という。日本銀行が買いオペ（売りオペ）を実施すれば，手形や国債の購入（売却）代金として日本銀行券を供給（回収）することになる。したがって，買いオペをすればハイパワード・マネーは増加し，売りオペをすればハイパワード・マネーは減少するので，公開市場操作は日本銀行の金融調節スタンスを示すことにもなる。1990年代に入ってからは，公定歩合の変更よりも，日本銀行がどのような公開市場操作を行うかが市場で最も注目されている。

　以上のように，ハイパワード・マネーの発行残高は主として上記四つの供給

手段を通じて変化する。いずれも日本銀行が，手形，国債，外貨，対民間銀行貸出等の資産を計上することによって，ハイパワード・マネーを同時に発行することができるのである。このようにハイパワード・マネーである日本銀行券の発行の裏側には，それに見合った資産を日本銀行が有していることであり，これによって日本銀行券そのものの信頼性が保持されているのである。

(2)　マネー・ストック（貨幣供給量）

　マネー・ストックとは経済全体で流通している貨幣の総量であり，現金と預金から構成される。したがって，これはいわば国民が保有する流動性の高い金融資産と換言することができる。このため，家計の消費や企業の投資と密接に関連し，マクロ経済活動との相関性が高いことから重要な金融指標として位置づけられている。ここでは，マネー・ストックの定義・特徴について説明し，ハイパワード・マネーとの関係については次節で述べる。マネー・ストックは次のように定義されている。

　　マネー・ストック（M; Money Stock）
　　＝現金（C）＋預金（D; Deposit）　　　　　　　　　　　　　(2)

　預金は流動性の程度により細分化されており，それに伴いマネー・ストックも以下のように分類されている。

　　M_1＝現金＋要求払預金
　　M_2＝M_1＋定期預金等（除く，ゆうちょ銀行）
　　M_3＝M_2＋定期預金等（全預金取扱機関）＋CD（譲渡性預金；Certificate of Deposit）
　　広義流動性預金＝M_3＋社債＋投資信託＋国債＋外債等

　要求払い預金とは預金者の引出し要求があればただちに払い戻しに応じなければならない預金であり，普通預金および手形・小切手の支払に用いられる当座預金から構成されている。譲渡性預金とは大口定期預金で第三者に譲渡可能で，かつ，定期預金とは異なり解約によるペナルティなしに現金化できる金融商品である。

　これらの中でM_3が，わが国において最もマクロ経済動向と密接に関連していることから，マネー・ストックの中心指標として取り扱われている[5]。なお，アメリカとイギリスではM_1が採用されている。

第2節　信用創造のプロセス

(1)　信用創造の発生メカニズム

　本節では，銀行が企業に対し貸出等の信用供与を行うことによって貨幣が創りだされていくプロセスを明確にしていく。銀行は中央銀行によって供給されるハイパワード・マネーをベースにして，その数倍の貨幣を生みだすことができる。このことを信用創造という。民間銀行に預金・貸出・決済の三つの業務が与えられていることが，この信用創造を生みだすことができる主要因である。この信用創造理論を理解することによって，貨幣供給量であるマネー・ストックとハイパワード・マネーがどのような関係にあるのかが明らかになる。

　前節で述べたように貨幣供給量であるマネー・ストックは，民間非金融部門が保有する現金と預金を合計したものである。現金はハイパワード・マネーの一構成要素でもあるため，この部分は日本銀行がどのような金融政策スタンスをとるか等にも依存する。しかし，預金は民間銀行が国民に提供する金融商品であり，この総額は日本銀行が直接操作することができず，民間銀行が結果的にどれだけの企業向け貸出を行うかに依存する。なぜなら企業向けの貸出が増加すれば，融資を受けた企業はその資金を要求払い預金として銀行に預けるので，預金残高が増加するためである。あるいは融資を受けた企業が，その資金で他の企業へ支払を行ったとする。すると，その支払を受けた企業は，受取金を銀行口座に預金し次の経済活動に備える。このため経済全体での預金総額は増加する。結果的に民間銀行は，ある一定の金額の資金が流入すれば，その数倍の預金を創造することができるのである。

　図表2-2を用いて，この信用創造が生まれることを証明しよう。ここでは信用創造のプロセスをより明確にするため，以下のように現金Cをゼロと簡単化する。すなわち家計や企業の非金融部門は現金を保有せず，すべて預金という形で金融資産を保有し，同時に預金口座を通じて経済取引の決済を行うも

図表2－2　信用創造メカニズム

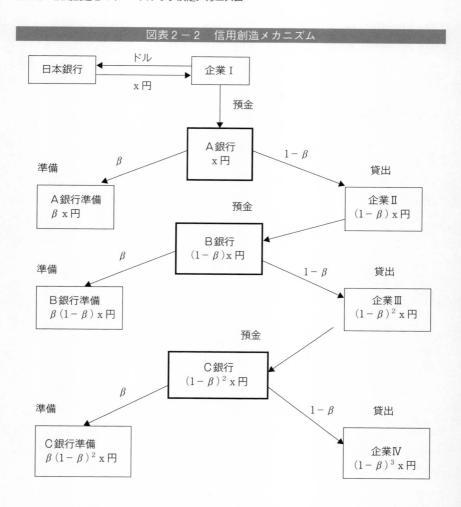

のとする（現金 C がプラスである場合は，次節で述べる）。現金がゼロである場合，マネー・ストックとハイパワード・マネー（ベース・マネー）は各々，次のように表される。

$$M = C + D = D$$
$$H = C + R = R \tag{3}$$

　上記のように現金がゼロである場合，マネー・ストックは預金総額と等しく

なる。したがって，ここでは預金総額とハイパワード・マネーの関係をみることによって，マネー・ストックとハイパワード・マネーの関係をみることができる。

　図表2－2では，はじめに民間企業Ⅰが輸出で外貨であるドルを稼ぎ，それを最終的に日本銀行が円に交換し（企業Ⅰと日本銀行の間に，民間銀行が仲介機関として存在するが図表2－2では捨象している），x円のハイパワード・マネーが市場に供給されたところからはじめている。日本銀行からみれば，ドルを購入することによってx円を供給し，ハイパワード・マネーをx円増加させたことになる。

　ドルを円に替えることによってx円を手に入れた企業Ⅰは，これを現金として手元に残さず全額銀行に預金するという仮定をおいているので，Ａ銀行にx円の預金が新規に入ってくる。x円の預金が流入してきたＡ銀行は，この資金の一部は準備預金制度に基づき日本銀行に法定準備金として預け，残りは全額民間企業に貸出する。ここで，日本銀行による法定準備率（R/D）をβとする（但し，$0<\beta<1$）。したがってＡ銀行は，βx円を準備金として日本銀行に預け，$(1-\beta)\,x$円を企業Ⅱに貸出をする。

　一方，$(1-\beta)\,x$円の借入れを受けた企業Ⅱは，全額Ｂ銀行に預け，後の経済取引に備える[6]。したがって，Ｂ銀行に$(1-\beta)\,x$円の預金が流入する。Ｂ銀行はこの流入してきた預金を先のＡ銀行と同様に，一部を日銀預け金として日本銀行に法定準備金を積み，残りを全額企業に貸出す。具体的には，$\beta\,(1-\beta)\,x$円を準備金に，$(1-\beta)^2 x$円を企業Ⅲへ貸出す。Ｂ銀行から借入を受けた企業Ⅲは，企業Ⅱと同様に全額Ｃ銀行に預金する。あとは，この繰り返しである。日本銀行によってx円のハイパワード・マネーが市場に供給されれば，上記のプロセスを通じてさまざまな経済主体に資金の流れが波及していくことを確認することができる。

(2)　預金の創造

　本節では，現金Ｃはゼロであるため，マネー・ストックの総額は(3)式より預金総額と等しくなる。したがって，日本銀行によるx円のハイパワード・マネーの供給が，経済全体でどれだけ預金を増加させたかをみることによって，

ハイパワード・マネーとマネー・ストックの関係を捉えることができる。図表2－2のA銀行以下の銀行に生じている預金（太枠内の預金）を順に記述すれば，次の(4)式の右辺のようになり，それらを合計したものが新規に発生した預金総額Dとなる。

$$D = x + (1-\beta)x + (1-\beta)^2 x + (1-\beta)^3 x + \cdots \tag{4}$$
$$= \text{本源的預金（A銀行，第1項）} + \text{派生的預金（B銀行以下，第2項以下）}$$

右辺第1項のx円はA銀行の預金額であり，これは日本銀行が供給したハイパワード・マネーに等しい。このA銀行での預金は，B銀行以下の預金創造の根源になることから本源的預金と呼ばれている。これに対してB銀行以下の銀行に生じている預金は，本源的預金を基礎に民間部門の経済活動の結果として創出された預金であり，これらの預金のことを派生的預金という。

(4)式の右辺は，初項x，等比$(1-\beta)$の等比数列となっている。また$0<\beta<1$より，$0<1-\beta<1$となり等比は1よりも小さい。したがって，派生的に生じる預金の創出額は段々と減少していく。この派生的預金の創出がゼロになるまで波及効果はつづき，ゼロになった段階で波及効果は終了する。この時点で預金の創出額の合計を求めることができる。

等比が1以下の場合における等比数列の合計値は以下の公式にしたがい，(4)式右辺の総額は，

$$D\,(=M) = \frac{\text{初項}}{1-\text{等比}} = \frac{x}{1-(1-\beta)} = \frac{1}{\beta}x \tag{5}$$

となる[7]。右辺xの係数$(1/\beta)$は1よりも大である。なぜならβは，1より小の値をとっているからである。したがって，日本銀行が供給したハイパワード・マネー（円）の額以上に，新規の預金が発生することになる。一般にマネー・ストックはハイパワード・マネーの数倍の水準になる。その倍数は，本節では$1/\beta$で表され，これを信用乗数という。

仮に，法定準備率が10％（$\beta=0.1$）のとき，(5)式は次のように書き換えられる。

$$M = \frac{1}{0.1}x = 10x \qquad\qquad (6)$$

　この場合，信用乗数は10となる。したがって，$x = 100$億円の場合，マネー・ストック M は1,000億円となる。これを(4)式に基づいて，違う角度から考察してみよう。(4)式に，$\beta = 0.1$（等比$1 - \beta = 0.9$），$x = 100$を代入すれば，次のように書き換えられる。

$$D（= M）= 100 + 90 + 81 + 72.9 + 65.61\cdots$$
$$= \frac{100}{1 - (1 - 0.1)} = \frac{100}{0.1} = 1,000 \qquad\qquad (7)$$
$$= 本源的預金（100）+ 派生的預金（900）$$

　すなわち，マネー・ストックが1,000億円増加した理由は，本源的預金が100億円，民間部門の経済活動の結果として創出される派生的預金が900億円増加したためである。

(3)　各経済主体のバランス・シートの変化

　日本銀行によってハイパワード・マネー H が供給されれば，預金が創出されていき，最終的には H の数倍のマネー・ストックが発生することが確認された。このとき，その裏側ではその他の変数である準備金と貸出金は，経済全体でどれぐらいの水準にあるのかを考察しよう。

　まず図表2−2にしたがって，A銀行以下の準備金を順に並べることによって次の(8)式が得られる。

$$R = \beta x + \beta (1 - \beta) x + \beta (1 - \beta)^2 x + \cdots \qquad\qquad (8)$$

　上記式も等比数列の流列になっており，初項βx，等比（$1 - \beta$）である。したがって，先と同様に右辺の値を等比数列合計値の公式に基づいて求めれば次のようになる。

$$R = \frac{初項}{1-等比} = \frac{\beta x}{1-(1-\beta)} = \frac{\beta x}{\beta} = x \tag{9}$$

準備金の総額は，ハイパワード・マネーに等しくなる。これは，現金（C）がゼロの場合，(3)式の恒等式 $H=R$ が必ず成立することを別の側面から示したことにもなる。先の数値例と同様に，$\beta = 0.1$（等比 $1-\beta = 0.9$），$x = 100$億円のとき，(8)式は次のように書き換えられる。

$$R = 10 + 9 + 8.1 + 7.29 + 6.51 + \cdots$$
$$= \frac{10}{1-(1-0.1)} = \frac{10}{0.1} = 100 \tag{10}$$

銀行部門全体で保有する準備金の総額は，ハイパワード・マネーと等しく100億円となることが確認できる。

次に，企業貸出がどれだけ生まれているかをみるために図表2－2にしたがって，企業Ⅱ以下への貸出額を順に並べると次のようになる。

$$L = (1-\beta)\,x + (1-\beta)^2 x + (1-\beta)^3 x + \cdots \tag{11}$$

L は，経済全体の貸出額（Loan）を示している。(11)式も等比数列であり，初項 $(1-\beta)\,x$，等比 $(1-\beta)$ である。したがって，この等比数列の合計値は，

$$L = \frac{(1-\beta)\,x}{1-(1-\beta)} = \frac{(1-\beta)}{\beta}x \tag{12}$$

となる。これに数値例の $\beta = 0.1$，$x = 100$億円を代入すれば，

$$L = \frac{(1-0.1)}{0.1} \times 100 = \frac{0.9}{0.1} \times 100 = 9 \times 100 = 900$$

となり，民間銀行による貸出総額は900億円となる。これを，(11)式を用いて異なった側面から求めてみよう。(11)式に数値例を代入すれば，次のとおりである。

図表2－3　各経済主体のバランス・シートの変化

日本銀行　（単位：円）

外貨（ドル）　100億	銀行準備　　　100億

民間金融機関

銀行準備　　　100億 企業貸出　　　900億	預金　　　1,000億

企業

| 預金　　　1,000億 | 銀行借入　　　900億 |
| | 自己資本　　　100億 |

$$L = 90 + 81 + 72.9 + \cdots = \frac{90}{1 - 0.9} = \frac{90}{0.1} = 900$$

　やはり，経済全体の貸出総額は900億円になることが確認できる。以上の数値例下の信用創造プロセスにおいて，最終的な各経済主体のバランス・シートの変化をまとめたものが**図表2－3**である。

　まず日本銀行のバランス・シートをみれば，日本銀行は企業Ｉから外貨であるドルを100億円分購入し資産として計上している。一方，それに等しいハイパワード・マネーは，負債勘定で銀行準備として計上されている。ここでは現金Ｃはゼロであるため，ハイパワード・マネー（H）＝銀行準備（R）が成立していることを再確認されたい。

　次に，民間銀行のバランス・シートをみれば，日本銀行預け金である銀行準備が100億円，企業への貸出債権が900億円の計1,000億円が新規の資産として増加している。この裏側において，預金が計1,000億円分負債として国民に提供されていることがわかる。これが，現金（C）がゼロである場合のマネー・ストックの増加分である。なぜなら，この場合，マネー・ストック（M）＝預金（D）が成立しているからである。

　最後に，企業のバランス・シートをみよう。企業Ｉは輸出でドルを稼ぎ，それを最終的な円の供給者である日本銀行から100億円に替えてもらう。これは

企業 I の営業利益となるため自己資本の増加として計上されている。さらに，図表 2 - 2 の企業 II 以下で計900億円の銀行借入を受けているので，それは負債勘定に計上されている。また資産として，民間銀行に対する預金総額が1,000億円生まれているので，それが資産勘定に計上されている。これをみれば，民間部門は借入という負債を増加させながら，預金という資産を増加させていることがわかる。すなわち，資産と負債を両建てで増加させているのである（この段階での企業部門の純資産の増加分は，本源的預金の100億円に等しい）。これにより経済の取引活動を活発化させることができるのである[8]。

第3節　信用創造モデル

(1)　信用創造モデルの応用

前節では信用創造プロセスを，図を用いて明確に理解できるようにするため，現金 C をゼロと仮定し説明してきた。本節では，現金 C が正の値をとる現実的な状況を考慮し，簡単な数式展開によって信用創造モデルの応用を行う。定義により，マネー・ストックとハイパワード・マネーは，以下の式のように表される。

$$M = C + D \tag{13}$$
$$H = C + R \tag{14}$$

(13)式を(14)式で割れば，次のようになる。

$$\frac{M}{H} = \frac{C+D}{C+R} = \frac{C/D + D/D}{C/D + R/D} = \frac{C/D + 1}{C/D + R/D} \tag{15}$$

ここで，現金預金比率（C/D）を a，銀行準備比率（R/D）を β とおけば以下のようになる。β は法定準備率であり，$0 < \beta < 1$ を満たしている[9]。

$$M = \frac{C/D + 1}{C/D + R/D} H = \frac{a+1}{a+\beta} H \tag{16}$$

上記の(16)式が，ここでのマネー・ストックとハイパワード・マネーの関係式

であり，信用創造の波及効果がすべて出てしまった段階で成立する式である。
H の前の係数が信用乗数であり，これを ϕ とおけば，(16)式は次のようになる。

$$M = \frac{a+1}{a+\beta} H = \phi H \tag{17}$$

　上式が，一般的な信用創造の結果を示したものである。そこで，信用乗数 ϕ
は必ず1を上回っていることを確認しよう。β は $0 < \beta < 1$ を満たしているので，
ϕ の分子（$a+1$）の方が，分母の値（$a+\beta$）よりも必ず大きい。したがって，
$\phi > 1$ が成立する。すなわち本節でも，日本銀行が供給するハイパワード・マ
ネー以上のマネー・ストックが生じることを理解することができる。

　前節では，現金 C をゼロと仮定していた。これを本節モデルに適用すれば，
$a = C/D = 0$ の場合となる。$a = 0$ を(17)式に代入すれば，

$$M = \frac{1}{\beta} H$$

となり，前節の結論である(5)式と一致することがわかる。これにより，前節の
ケースは，本節モデルにおいて $a = 0$ という仮定がおかれている特殊ケースで
あったことが確認できる。$\beta = 0.1$ であれば，前節の数値例と同様に信用乗数 ϕ
は10となる。

(2)　マネー・ストックの変化

　(17)式よりマネー・ストックは，ハイパワード・マネー H，現金預金比率 a，
法定準備率 β の三つの変数に依存していることがわかる。各々の変数が変化し
たときのマネー・ストックに与える影響について検討しよう。

　はじめにハイパワード・マネーが変化した場合は次のようになる。

$$\frac{dM}{dH} = \phi$$
$$= \frac{a+1}{a+\beta} > 1 \tag{18}$$

　日本銀行がハイパワード・マネーを1単位増加させると，マネー・ストックはその信用乗数倍増加することになる。

　次にaとβが変化した場合，信用乗数ϕの変化を通じてマネー・ストックに影響を及ぼす。したがって信用乗数ϕが，aおよびβに対してどう反応するのかを検討すればよい。ϕをaとβで偏微分したときの偏微係数は以下のとおりである[10]。

$$\frac{d\phi}{da} = \frac{\beta - 1}{(a + \beta)^2} < 0 \tag{19}$$

$$\frac{d\phi}{d\beta} = \frac{-(a + 1)}{(a + \beta)^2} < 0 \tag{20}$$

　信用乗数ϕは，現金/預金比率aが上昇すれば低下する。これは，家計部門の現金保有残高が増加するため相対的に預金が減少し，その結果，民間銀行による企業への貸出が減少するためである。家計が現金というかたちで資産を保有しようとすればするほど，信用創造による預金創出効果の規模が小さくなり，信用乗数の低下を通じてマネー・ストックも減少する。家計のペイオフに対する懸念等によって，民間銀行に対する信用が低下すれば，預金に対する現金保有が増加し（タンス預金の増加），信用乗数が低下する要因になる。これはわが国において，1990年代末から2000年代初めに顕著にみられた現象である。

　次に(20)式より，準備/預金比率βが上昇すれば信用乗数ϕは低下する。βが上昇すれば，銀行が日本銀行に積まなければならない法定準備金が増加する分，企業への貸出が減少するためである。企業への貸出が減少すれば，銀行から企業，さらに企業から銀行へと流れる資金量が減少するため，預金創出効果も減少するからである。

　1990年代に入ってからの，深刻な不況下にあった日本経済を回復させるために，日本銀行が法定準備率の引下げを実施したのは信用乗数の上昇を図ったからである。法定準備率を低下させれば，銀行は日本銀行への預け金を減少させることができ，その分企業への貸出を増加させることができるからである。この効果が，信用乗数の上昇要因となる。

(3)　超過準備と信用創造

　前節までは，銀行準備 R は法定準備に等しい仮定の下で議論をすすめてきた。本節では，法定準備に超過準備をつけ加えることによって，信用創造理論のさらなる応用を試み現実経済との関連性を考察する。民間銀行にとって日本銀行に預ける準備金には利子がつかないので，できるかぎり銀行準備を法定準備に近づけることが望ましい（なお，日本銀行は2009年より臨時的な措置として超過準備にコール・レートを若干下回る水準で付利している）。しかし民間銀行にとって，優良な貸出先がなかなか見つからなかったり，低金利で短期金融市場における資金運用の魅力がなかったりすれば，結果的に法定準備を上回る準備金を超過準備として積み増さざるをえなくなる。企業に資金を貸しても不良債権になるならば，銀行は損をするよりは，手元に準備金として残した方が経済合理的であると判断していることを意味する。これは，1990年代後半にみられた現象であり，これがマクロ経済全体に対してどのような影響を及ぼすのかを検討する。

　ここで銀行準備 R は，以下の二つに分類される。

$$R = R_1 + R_2 \tag{21}$$

ただし，$R_1 =$ 法定準備，$R_2 =$ 超過準備である。両辺を預金 D で割れば次のようになる。

$$\beta = \frac{R}{D} = \frac{R_1 + R_2}{D} = \frac{R_1}{D} + \frac{R_2}{D} = \beta_1 + \beta_2 \tag{22}$$

ここで，$\beta_1 =$ 法定準備率，$\beta_2 =$ 超過準備率である。また，$0 < \beta = \beta_1 + \beta_2 < 1$ であるとする。

　この体系の下では，

$$M = C + D \tag{23}$$
$$H = C + R = C + R_1 + R_2 \tag{24}$$

となる。

　前節と同様にして，(23)式を(24)式で割れば，以下のとおり本体系下における信

用乗数を導出することができる。

$$\frac{M}{H} = \frac{C+D}{C+R_1+R_2}$$

$$= \frac{C/D+D/D}{C/D+R_1/D+R_2/D} \tag{25}$$

$$= \frac{a+1}{a+\beta_1+\beta_2}$$

上式を書き換えれば次のようになる。

$$M = \frac{a+1}{a+\beta_1+\beta_2}H = \phi H \tag{26}$$

　本モデルにおける信用乗数は，⒆式右辺 H の係数となる。前節モデルとの違いは，分母において，法定準備率β_1のみならず超過準備率β_2が加わっていることである。$0<\beta_1+\beta_2<1$より，信用乗数の分子の値は分母の値を必ず上回る。したがって，本節モデルでも信用乗数は1より大きくなる。

　信用乗数ϕは，現金預金比率a，法定準備率β_1，超過準備率β_2の3変数に依存していることがわかる。信用乗数ϕに対する，aとβ_1の編微係数の符号は前節と同様であり，aとβ_1の上昇はϕを低下させる。また超過準備率であるβ_2が上昇した場合，これは信用乗数の分母にあるので，ϕは低下する。これらをまとめれば以下のようになる。

$$\phi = \phi\ (a,\ \beta_1,\ \beta_2)$$

$$\frac{d\phi}{da}<0,\ \frac{d\phi}{d\beta_1}<0,\ \frac{d\phi}{d\beta_2}<0 \tag{27}$$

　β_2が上昇すれば，民間銀行による超過準備が増加するので，その分企業への貸出が減少する。したがって預金創出効果が減少するため，信用乗数ϕも低下するのである（具体的な過去のデータの推移は本章 *Column* を参照されたい）。

第 4 節　フィナンシャル・アクセラレーター仮説

(1)　担保価値と貸出行動

　信用乗数は民間銀行の企業への貸出が増加するほど上昇し，その結果，マネー・ストックも比例的に増加する。銀行から企業への貸出額は，資金を供給する銀行側の貸出意欲と，資金を需要する企業側の借入意欲の双方に依存し決定される。資金の需給側双方の行動によって貸出額が決まり，マネー・ストックの変化につながっていくのであり，決して銀行の資金供給行動だけで貸出額が決まるわけではない。

　ここでは具体的に図を用いて，企業の資金需要曲線と銀行の資金供給曲線の形状によって貸出額が決定することを確認する。さらに，なぜ近年信用乗数が大きく変化し，それに伴い経済成長も大きく変化するのかを検討する。このような現象を説明するために，企業の保有する正味資産価値あるいは担保価値の変化を重視し，金融的な要因とマクロ経済活動の関連性を分析するフィナンシャル・アクセラレーター仮説（Financial Accelerator Hypothesis）に関する議論が幅広く展開されている。企業保有の時価資産価格や土地担保価値等の変化，すなわち企業のバランス・シート構造が，金融加速因子として，民間銀行の貸出行動に影響を与え実体経済の変動を増幅させることを論じている。本節では，まずこのフィナンシャル・アクセラレーター仮説から説明する。

　一般に企業の投資需要は限界生産力で規定され，情報の非対称性がない完全な資本市場の下では，一定の資本の実質レンタルコストと限界生産力が等しいところで最適資本ストック水準が決定される。このことを貸出（信用）市場を用いて表せば次頁**図表 2 － 4** のようになる。企業の投資に必要な資金需要曲線は右下がりである。また資本市場が完全であるならば，企業は一定の資金コストでいくらでも資金調達を行うことができるので，資金供給曲線は横軸に水平になる。この結果，資金需要曲線と資金供給曲線が交わる A 点で，最適貸出（借入）量が決定し，設備投資水準が L^* と求められる。

　資本市場が完全な場合は，確かに投資水準の決定に企業の内部資金や純資産は何の制約にもならない。しかし，現実的な側面として情報の非対称性や契約

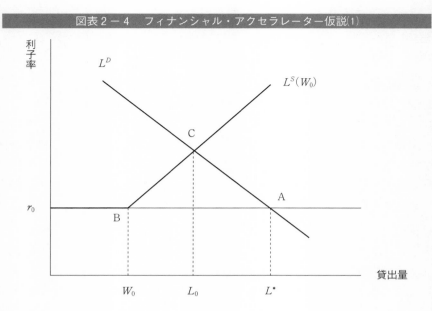

図表2－4　フィナンシャル・アクセラレーター仮説(1)

の不完備性などが存在し，資本市場が不完全となれば，外部資金のほうが内部資金よりも資金調達コストが上昇する。通常，資金の借り手である企業は，外部資金調達を必要とする投資プロジェクトの収益性やリスク等の情報を詳しく理解している。一方，資金の貸し手である金融仲介機関は，プロジェクトに関する情報量は当該企業に比べて十分ではない。

　情報の非対称性があれば，企業には不利な情報を隠したり，成果を偽ったりするインセンティブが生じる。この場合，本来なら健全で望ましいはずのプロジェクトが実行されないという事態も生じる。このように情報の非対称性があれば，貸し手にとって将来の資金返済についての不確実性が上昇し，また企業のモニタリング・コストが上昇する。資本市場の完全性が失われたとき，この金融取引特有の取引費用であるエージェンシー・コスト（Agency Cost）が発生することになる。このため，貸し手である金融仲介機関は，企業の内部資金以上に貸出しを行う場合，その部分についてはリスク・プレミアムとして貸出金利を上昇させようとする。このことを図表2－4で確認しよう。

　企業は当初，W_0の純資産を保有し，そして借入を必要とする投資プロジェ

クトを持っているとする。つまり，企業は内部資金等の純資産のみで投資を実行することができず資金制約下にある。純資産水準までの借入については，一定の借入利子率 r_0 で融資を受けることができるが，それを超える借入についてはエージェンシー・コストを反映し借入利子率は上昇していく。したがって貸出供給曲線は，B点を境に屈折し L^S (W_0) 曲線のように右上がりになる。このため最適な融資水準 L^* は実現されず，それよりも少ない L_0 の水準で均衡する。エージェンシー・コストが利子率に上乗せされたため，企業は資本市場が完全な場合よりも借入が抑えられ，投資水準が過小となる。

　また，民間銀行が危険回避的になったり，情報の非対称性の程度が大きくなったりするほど，限界的エージェンシー・コストは上昇するので，右上がりの L^S (W_0) 曲線の傾きは急になり，均衡貸出（借入）量はさらに減少する。

　ここで貸出が純資産水準 W_0 までは，貸出利子率が一定であることを別の側面から考えれば次のようになる。金融仲介機関は，企業保有の純資産分までの貸出については，その純資産を担保にとることによって，情報の非対称性の問題を回避することができる。なぜなら企業が，投資プロジェクトに失敗し債務不履行となっても，金融仲介機関は担保を処分することによって資金を回収することができるからである。このことは，金融仲介機関が貸出のときに企業が保有する純資産分を担保として設定することができれば，エージェンシー・コストを引き下げることができる有効な手段になることを意味している。企業自身も，経営努力を怠れば担保を処分されるため，非効率的経営は行わなくなるはずである。

(2)　将来期待の変化

　次に，経済は当初の状態から将来の見通しが上昇し成長が見込まれるようになったとする。企業家マインドの上昇も加わり，投資需要の増加に伴って資金需要曲線が次頁**図表2−5**に表されているように右上シフトしたとする（$L^D \rightarrow L^{\prime D}$）。この時，同時に企業の保有する純資産価値は将来期待の上昇を反映して，W_0 から W_1 に上昇したとする。景気好況局面において純資産の時価価値が，将来期待の変化により上昇するためである。この結果，先に議論したように，純資産の上昇は担保価値の上昇をもたらす。新しい資金供給曲線 L^S (W_1)

図表 2 － 5　フィナンシャル・アクセラレーター仮説(2)

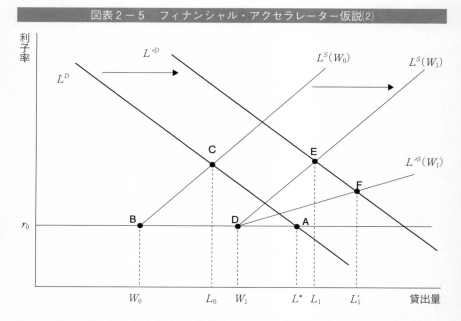

は，D 点で屈折する右上がりの曲線となる。均衡貸出量は，E 点で決定され L_1 となる。このように好況期には資金需要と資金供給がともに増加し，その結果，投資は大幅に増加しマクロ経済活動が加速的に拡大されることになる。

　また，好況期には金融仲介機関の危険回避度も低下することが容易に想像できる。この場合，限界的エージェンシー・コストの低下を通じて，資金供給曲線の右上がりの傾きは L'^S（W_1）曲線のように緩やかになる。資金需給の均衡点は F 点となり，投資水準はさらに拡大する。

　反対に不況期には，資金需要と資金供給曲線が同時に左方へシフトするため，投資量は大幅に減少し，マクロ経済活動の停滞を招くことになる。このことが，本節 *Column*（P.51）における実証分析で確認されているように1990年代後半以降，日本銀行がハイパワード・マネーを増加させているにもかかわらず，銀行の企業への貸出が増えないため超過準備率が上昇し，信用乗数を内生的に低下させている要因になっていると考えることができる。

　このようにフィナンシャル・アクセラレーター仮説は，企業保有の純資産価値が資産価格や地価の変動とともに変化するため，担保価値の変化を通じ企業

の資金調達量が変化し，投資水準も加速的に変化することによって，マクロ経済活動の変動を増幅させる経路を導いている[11]。貸出額の値は，文字とおりに理解すれば，資金供給側によって決定されているように思える。しかし，図表２−５で確認したように，結果としての貸出額は需給均衡点によって決定される。したがって，資金供給側である金融機関の行動と資金需要側である企業行動の双方が影響を及ぼしていることを理解する必要がある。

【注】

(1) 取引の決済手段として紙幣のほかに硬貨もあげられる。わが国において，硬貨は財務省が発行している。しかし紙幣の発行総額に比べ，硬貨の総額はわずかであるため，ここでは捨象している。

(2) 法的準備率は，預金のほか，金融債・金銭信託元本・外貨預金等の種類毎に定められている。また日銀預け金は，各金融機関同士の間における決済にも用いられている。なお，預金総額に占める超過準備金の割合のことを超過準備率という。

(3) 2000年に入りコール・レートが実質的にゼロ％となり，景気浮上策として，もはや名目金利を引き下げる余地がなくなったため日本銀行は事実上金利操作ができなくなった。このため民間銀行の超過準備の水準を政策目標とする量的緩和政策が採用された。

(4) 日銀貸出には，通常，このように国債や手形等の担保が必要である。しかし民間銀行が，一時的に経営状況が悪化し十分な担保がない場合でも，一定条件の下で日本銀行から借入を受けることができる。このことを日銀特融という。

(5) 1990年代半ばまでは，特にマネー・ストックはマクロ経済活動の水準を示す景気動向指数と相関性が高く，同指数の先行指標として採用されていたが，年々その相関性が低下し，2001年末より先行指標から外されている。マネー・ストックに代わる新しい先行指標として，長短金利格差と東証株価指数が採用されている。

　なお，マネー・ストックは従来マネー・サプライと呼ばれていた。2008年にマネーの統計内容の見直しにより，名称も変更された。旧統計指標では，$M_2 + CD$ が主要なマネー・サプライの値であった。

(6) このとき，預け入れ先銀行は先と同様に A 銀行であっても構わない。国内の銀行であれば，どこでもよい。また企業Ⅱが直接，B 銀行に預金するとしているが，企業Ⅱが取引先に A 銀行からの融資金を支払い，その取引先が B 銀行に全額預金するというように応用させても以下の数式展開に変化はない。

(7) 等比数列の合計値は，一般の次の公式にしたがう。

$$\sum_{i=1}^{\infty} D_i = \frac{初項 (1-等比^{\infty})}{1-等比}$$

D_i は右辺第 i 項目の銀行の預金である。上記右辺における等比$^{\infty}$については，本節

では等比 $=1-\beta$ の値が1より小であるため，$\lim_{i \to \infty}(1-\beta)^i = 0$ となるので，等比数列

の合計値は(5)式に基づいて導出することができる。

(8) 本論では，ハイパワード・マネーの供給源を日本銀行による外貨の購入にしている。しかし日本銀行が民間銀行から債券を購入（買いオペ）してハイパワード・マネーが供給される場合，信用創造のメカニズムおよびマネー・ストックの水準について変化はないが貸出の総額は異なる。民間銀行に流れてくるハイパワード・マネーは，家計からの新規の預金ではないので必要準備預金の対象にはならない。したがって民間銀行は，第一の段階からハイパワード・マネーに等しい貸出を行うことができるからである。

(9) ここまでは，銀行準備＝法定準備として議論している。現実の銀行準備には第1節で述べたように，法定準備の他に超過準備がある。この超過準備がある場合については，本節(3)で論じている。

(10) 以下は，分数微分の公式を用いることによって求めることができる。

$$\frac{d\left(\dfrac{f(x)}{g(x)}\right)}{dx} = \frac{f'(x)\,g(x) - f(x)\,g'(x)}{\{g(x)\}^2}$$

したがって，ϕ を a で偏微分すると以下のようになる。

$$\frac{d\phi}{da} = \frac{d\left(\dfrac{a+1}{a+\beta}\right)}{da} = \frac{(a+1)'(a+\beta) - (a+1)(a+\beta)'}{(a+\beta)^2}$$

$$= \frac{(a+\beta) - (a+1)}{(a+\beta)^2} = \frac{\beta - 1}{(a+\beta)^2} < 0$$

β についても同様な手続を通じて，(20)式の偏微係数を得る。

(11) フィナンシャル・アクセラレータ仮説に関する議論では，とりわけ大企業よりも中小企業への影響が強いことを論じている。特に不況期には，規模の小さい企業ほど銀行にとって不確実性が高く，エージェンシー・コストが高くなる。銀行による，いわゆる「質への逃避（Flight to Quality）」が生じるため，大企業よりも中小企業の資金調達は一段と困難化していくことになる。

＜参考文献＞

日本銀行金融研究所（2011）『日本銀行の機能と業務』有斐閣。

岩田一政，日本経済研究センター（2014）『量的・質的金融緩和』日本経済新聞出版社。

岩井克人，瀬古美喜，翁百合（2011）『金融危機とマクロ経済－資産市場の変動と金融政策・規制』東京大学出版会。

Column

信用創造とマネー・ストック

　ここでは，わが国における1980年代以降の主要な金融指標が実際にどのように推移してきたのかを実証的に検討することによって，信用創造モデルを現実的側面と照らし合わせて考察する。

　図表2-Aでは，ハイパワード・マネー（ベース・マネー）とマネー・ストックの変化率の推移を表している（いずれも前年同期比）。マネー・ストックは，本章で述べたように預金と現金保有額を合計した値であり，いわば流動性の高い金融資産でもある。ハイパワード・マネーは，日本銀行が発行した通貨総量である。

　1990年代半ばまでは，ハイパワード・マネーとマネー・ストックは同じような動きを示している。このことは，信用乗数（＝マネー・ストック／ハイパワード・マネー）が安定していることも意味する。実際，この時期における信用乗数は，11～13の間で推移していた。

図表2-A　ハイパワード・マネーとマネーストックの変化率推移（%）

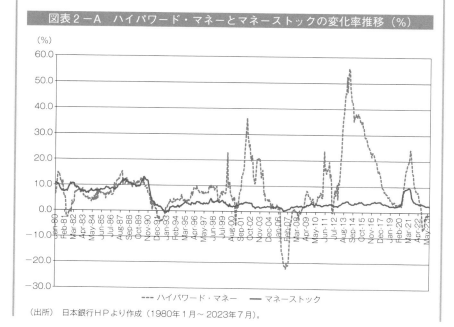

（出所）　日本銀行ＨＰより作成（1980年1月～2023年7月）。

　しかし，90年代末以降，両者の乖離幅は拡大している。ハイパーワード・マネーは大きく変化しているが，マネー・ストックはそれほどの上昇をみせていない。ハイパワード・マネーは，2000年代初めに日本銀行が深刻な不況からの脱却を目指して大規模な量的金融緩和政策を実施したため急増した。その後，2006年前後には経済が成長軌道に入ったという判断から，日本銀行は金融緩和の程度を弱めハイパワード・マネーの変化率はマイナスとなった。しかし，2013年にはアベノミクスの一環として，異次元の超金融緩和政策が採用され，ハイパワード・マネーの上昇率は50％を超えた。

　上記のように，2000年代に入って以降，ハイワード・マネーは大きく変化しているが，マネー・ストックは比例して変化していない。このことは，信用乗数が安定的ではなく変動していることを示している。この時期における実際の信用乗数の値は，11前後から５弱にまでの水準に低下した。

　マネー・ストックを日本銀行が外生的にコントロールすることができれば，このような問題は生じない。信用乗数が仮に一定であれば，日本銀行はハイパワード・マネーの水準を操作するだけで，マネー・ストックを意図する水準に近づけることができるからである。

　日本銀行によるハイパワード・マネーの増加にもかかわらず，マネー・ストックが十分に増加しないのは，信用乗数が内生的に低下したためである。いくら日本銀行がハイパワード・マネーを増加させても，貸出行動が消極的で企業の資金需要が乏しければ，超過準備率が上昇するだけであり，その結果，信用乗数が低下しマネー・ストックの増加は抑えられる。また，破綻金融機関の続出およびペイオフの部分解禁等により，家計の民間銀行に対する信頼性が低下したため，預金に対する現金保有比率が上昇したことも，信用乗数の低下につながっている。

　なお，2020年から2021年のコロナ禍においてマネー・ストックが一時的に急上昇している。これは，政府による大規模な補助金・給付金支出によって家計の貯蓄が増加したためである。

　以上のように，日本銀行がハイパワード・マネーを増加させても，信用乗数が低下すればマネー・ストックを増加させることはできず，ここに金融政策の限界がある。量的な金融緩和政策が，ハイパワード・マネーの増加だけでなく信用乗数の上昇に資するものでなければ金融政策の効果は限定されることを理解する必要がある。

第3章

マクロ金融分析

　本章の目的は，貨幣量，金利，物価，生産量の相互依存関係を理解することである。貨幣は，決済手段，価値尺度として機能することで円滑な経済取引に資する一方，時にインフレーションやデフレーションを引き起こして経済を混乱に陥れる。そのため，通貨の独占的発行体である中央銀行が金利やベース・マネーの調節を通じて物価安定を図ることが求められる。

　本章では，まず古典的な物価理論である貨幣数量説をもとに，名目マネー・ストック成長率が長期的インフレ率を決定することを学ぶ。次に，物価が硬直的な短期において金融・財政政策が総需要に対して及ぼす効果をIS＝LMモデルを用いて分析する。最後に，物価が変動する中長期を想定した総需要・総供給モデルを導出する。そして，金融緩和政策は短期的にはインフレを伴いつつ生産を拡大する効果を持つものの，完全雇用が成立する長期には物価上昇を招くだけであることを学ぶ。

Key Words

貨幣需要　貨幣数量説　実質金利　IS 曲線　LM 曲線　総需要曲線　総供給曲線
潜在産出量　フィリップス曲線

第1節　貨幣数量説

「インフレはいつでもどこでも貨幣的現象である」という経済学者ミルトン・フリードマンの有名な言葉がある。本節では，インフレ率（物価上昇率）の決定要因として貨幣供給量（マネー・ストック）を重視する貨幣数量説について概説する。

(1)　名目マネー・ストックと実質マネー・ストック

経済分析を行う上で，貨幣の名目価値と実質価値を識別することが肝要である。貨幣の名目価値とは文字通り貨幣の額面金額のことで，実質価値とは貨幣の購買力の大きさ（どれだけの数量の財・サービスを購入できるか）のことである。たとえば，100円玉11枚の名目価値は1,100円であり，それは物価が変化しても変わらない。しかし，1,100円の実質価値は物価が上昇すると減少する。缶ジュース1本が100円の時と110円の時を比較すれば，1,100円で購入できる缶ジュースは前者では11本だが，後者では10本に減少する。缶ジュースで測った1,100円の実質価値は価格に反比例するのである。

このように貨幣の価値は実質価値で測られるべきである。物価は貨幣価値の逆数であり，物価上昇（下落）は貨幣価値の下落（上昇）を意味する。通貨を独占的に発行する中央銀行の責務に物価安定が掲げられるのは，それが通貨価値の安定を意味するからである。

(2)　貨幣需要

家計・企業が保有しようと考える貨幣（現金・預金）の総量を貨幣需要（Money Demand）と呼ぶ。貨幣需要には，財取引の決済に備えて保有するという取引需要と，貯蓄のために保有するという資産需要の二つがある。

皆さんはいま財布にいくらお金を入れているだろうか。今日はショッピングに行くので2万円入れてきたという人もいれば，ゼミの飲み会のために3,000円だけ入れているという人もいるのではないだろうか。また，携帯電話代の引き落とし日なので，1万円を預金口座に入金したという人もいるだろう。この

ように私たちは普段，当座の支出に足りるだけの現預金を手元に用意する。つまり貨幣需要は取引金額に比例する。これを貨幣の取引需要と呼ぶ。経済全体で考えれば，一定期間の貨幣の取引需要は名目 GDP に比例すると考えることができる。

次に資産需要を説明する。貨幣とは流動性の最も高い金融資産である。ここでの流動性とは「即座に現金化ないし決済手段に転化できる容易さ」という意味である。現金はそれ自体が決済手段であり，当座・普通預金もそれ自体が決済手段であるとともに簡単に現金化できるという点で極めて流動性が高い。一方，国債，社債，株式等は比較的容易に流通市場で現金化できるとはいえ，現預金に比べれば流動性は低い。ただし，流動性が低い分，債券には現預金より高い利率の利子が，株式には配当が支払われる。

ここで，金融資産を貨幣とそれ以外に二分し，貨幣以外の資産を「債券」とみなそう。債券には利子が付くが，貨幣には利子が付かない。人々は金融資産を債券および貨幣で分散保有するが，金利の上昇は債券投資の魅力を高めるため，人々は貨幣保有を減らして債券保有を高める。つまり，金利の上昇は貨幣需要を減少させる。逆に，金利の低下は債券投資の魅力を薄めるため，貨幣需要の増加要因となる。これを貨幣の資産需要と呼ぶ。

(3) 貨幣数量説

物価水準およびインフレ率の決定を貨幣集計量（マネー・ストック）との関係から明らかにする古典的理論に貨幣数量説（Quantity Theory of Money）がある。

貨幣数量説は，(a)貨幣の取引需要，(b)信用乗数論，(c)価格伸縮的な経済を前提とする。名目貨幣需要は取引需要のみによって生じ，経済全体の取引額（名目 GDP）に比例すると考える。また，貨幣供給については信用乗数論が成立し，名目貨幣供給量がベース・マネー操作を通じて中央銀行によって制御されると考える。価格は伸縮的，かつ，財の供給は完全雇用水準（潜在 GDP 水準）で所与とし，財市場の不均衡が物価の変動によって調整される経済を仮定する。

このとき，貨幣市場の均衡条件は次式で表現できる。

$$M = kPY \tag{1}$$

M は名目マネー・ストック，P は一般物価水準，Y は実質 GDP である。左辺が貨幣供給，右辺が貨幣需要であり，k は定数とし，名目貨幣需要が取引額（名目 GDP）の一定倍になると考える。この k は「マーシャルの k」と呼ばれる。

　マーシャルの k を一定とおく仮定は，流通する貨幣が一定期間に一定回数決済に使用されると考えることに等しい。貨幣が一定期間（たとえば 1 年間）に使用される頻度のことを貨幣の流通速度（Velocity of Money）と呼ぶが，この貨幣の流通速度を V とおけば，

$$MV = PY \tag{2}$$

という関係が成り立つ。(2)式は，流通する貨幣 M 円が V 回取引に使用される結果，総額 PY 円の取引が経済全体で行われるという関係を表現したもので，数量方程式と呼ばれている。V を一定とおけば，(2)式は(1)式と本質的に同じになる。

　なお，信用乗数論を明示的に考慮すれば，(1)式は次のように書き換えることができる。

$$\phi H = kPY \tag{3}$$

H がベース・マネー，ϕ は貨幣乗数（信用乗数）である。(3)式は次のようにも変形できる。

$$P = \frac{\phi}{kY}H \tag{4}$$

(4)式より，信用乗数が一定ならば，中央銀行がベース・マネーを増減すると，それに比例して物価が上下する，という含意を得る。

　貨幣市場の不均衡調整メカニズムを考えよう。名目マネー・ストックが増加して $M > kPY$ となったとき，すなわち貨幣の超過供給が発生したとき，人々は余分な貨幣を消費に回そうとするため，財需要が増加し，物価が上昇する。物価が名目マネー・ストック増加率と同じ率で上昇する結果，名目貨幣需要が

名目マネー・ストックに一致し，貨幣市場は均衡を回復する。このとき，結果として実質財需要と実質生産量は変化しない。逆に，名目マネー・ストックが減少して$M<kPY$となったときは，財需要が減少し，物価が下落する。物価が下落することで名目貨幣需要が名目マネー・ストックの減少率と同じだけ減少し，貨幣市場均衡を回復する。

(1)式ないし(2)式を変化率表記に変形して整理すると，次の(5)式を得る。

$$\frac{\Delta P}{P} = \frac{\Delta M}{M} - \frac{\Delta Y}{Y} \tag{5}$$

ここで，ΔX（$X = P$，M，Y）は変数Xの変化を表す。kは定数なので，$\Delta k = 0$であることに注意しよう。(5)式によれば，インフレ率は名目マネー・ストック成長率と実質GDP成長率の差に等しくなる。

貨幣数量説は価格伸縮的な経済を仮定している。この仮定を現実に当てはめるとすれば，二通りの解釈が可能である。一つは10〜20年あるいはそれ以上といった長期の経済を考察しているという解釈である。この観点に立てば，(5)式より次の二つの仮説(a)(b)が導かれる。

(a)　名目貨幣成長率が潜在GDP成長率を上回る分だけインフレが生じる。

(b)　潜在GDP成長に伴う貨幣需要の増加に見合った名目マネー・ストックの増加は，インフレを引き起こさない。

二つ目の解釈は，短期的に物価が急激な勢いで持続的に上昇するハイパー・インフレーション（Hyperinflation）を説明しているというものである。ハイパー・インフレーションの下では商品の買いだめ，売り惜しみが発生し，生産活動が停滞する。(5)式で$\Delta Y/Y = 0$とおけば，$\Delta P/P = \Delta M/M$となるため，次の仮説(c)が導かれる。

(c)　ハイパー・インフレーションは急激な名目貨幣成長に起因する。

第2節　名目金利と実質金利

(1)　実質金利

われわれが普段目にする金利（利子率）は名目金利である。預金額100万円

に対して何％の利子が付くか，借入金額1,000万円に対して何％の利子を支払わねばならないかを表すものを名目金利（Nominal Interest Rate）という。

　しかし，家計の貯蓄決定や企業の投資行動に本質的な影響を持つのは，名目金利からインフレ率を差し引いた実質金利（Real Interest Rate）である。実質金利については例で考えると分かりやすい。いま，1年物定期預金金利が5％とする。100万円預ければ，1年後には元利合計105万円を手にする。預金期間1年間に物価が変化しなければ，預金者が保有するお金で購入できるモノの量，すなわち実質所得は預金金利と同じく5％増加する。しかし，もし1年間に物価が5％上昇すれば，預金者が購入できるモノの量は増加しない。缶ジュース1本が現在100円だとして，1年後に105円に値上がりしていれば，現在の100万円でも1年後の105万円でも購入できる缶ジュースの本数は1万本で変わらない。このように，預金者の実質所得が1年後に増加するかどうかは「預金金利（名目金利）－預金期間のインフレ率」によって決まり，名目金利だけでは決まらないのである。

　t期の一般物価水準をP_t（円），t期から$t+j$期までの名目金利と物価上昇率（インフレ率）をそれぞれ$i_{t,t+j}$, $\pi_{t,t+j}$とすると[1]，実質金利$r_{t,t+j}$は次のように定義される[2]。

$$1 + r_{t,t+j} = \frac{1 + i_{t,t+j}}{1 + \pi_{t,t+j}} \tag{6}$$

i，π，rが十分に小さいとすると，(6)式の両辺に自然対数をとって近似すれば以下の関係が得られる[3]。

$$r_{t,t+j} = i_{t,t+j} - \pi_{t,t+j} \tag{7}$$

　(6)式が示すように，j期間のグロスの実質金利（実質粗金利）は同期間のグロスの名目金利を同期間のグロスのインフレ率で割ったものである。近似的には(7)式のように「実質金利＝名目金利－インフレ率」が成り立つ。

　しかし，(7)式の実質金利は$t+j$時点すなわち事後になってはじめて分かるものであり，貯蓄や投資の意思決定を行うt時点には分からない。家計がいくら貯蓄するか，企業がどれだけの資金を借り入れて投資するかを意思決定する

際には，将来にかけてのインフレ率予想すなわち期待インフレ率に基づいて実質金利を計算し，判断材料に使っている。名目金利を期待インフレ率で差し引いて求める実質金利を事前的な実質金利（Ex-ante Real Interest Rate）と呼び，(7)式の事後的な実質金利（Ex-post Real Interest Rate）とは区別される。t時点における$t+j$時点までの期待インフレ率を$E_t\pi_{t,t+j}$と表せば，事前的な実質金利は次の(8)式のように定義できる。

$$r_{t,t+j} = i_{t,t+j} - E_t\pi_{t,t+j} \tag{8}$$

(8)式は名目金利の決定式と読むこともできる。なぜなら，(8)式は，

$$i_{t,t+j} = r_{t,t+j} + E_t\pi_{t,t+j} \tag{9}$$

と書き換えることができるからだ。実質金利は実体経済の状態によって決まると考えれば，(9)式は名目金利が実質金利に期待インフレ率を加えた水準に決まることを示している。(9)式をフィッシャー方程式と呼ぶ。

(2)　実質金利と投資の限界生産性

　実質金利と企業投資の関係を整理しておこう。企業による投資とは，新しい機械の導入，工場の開設，社内コンピュータ・システムの導入など，実物資本を積み増すことである。過去の投資によって蓄積した実物資本を資本ストックと呼ぶ。また，追加的な投資1単位によって限界的に増える生産量のことを投資の限界生産力（あるいは限界生産性）という。

　投資の限界生産性は資本ストックがゼロのときは無限大で，資本ストックの増加とともに逓減し，ゼロに近づいていくと考えられる。機械のない状態から機械が1台設置されると労働者の生産性は劇的に改善し，生産量が激増するであろう。しかし，機械の設置台数が増加するにつれ，機械の1台追加が生産を増加する度合いは小さくなると考えられる。

　企業は設備投資を行うために銀行借入等で資金を調達し，将来の売上で利子と元本を返済する。このときインフレが進み商品価格を引き上げることができれば，利子の返済原資を得るために販売する財の数量は少量で済み，企業の実質返済負担は軽減される。つまり，企業にとって重要な資金調達コストは自社

製品で測った実質金利であり，投資の限界生産性が実質金利を上回るかぎり投資を行うことで「限界生産性－実質金利」分の利潤を獲得できる。したがって，実質金利の低下は企業投資を拡大させる。

第3節　IS＝LM モデル

　外国との取引が一切ない国，すなわち閉鎖経済を仮定する。閉鎖経済の下では，金融政策や財政政策はどのような効果を持つだろうか。この問題を考察する上で有益な理論がIS＝LM モデルである。IS＝LM モデルでは経済を財市場と金融資産市場に二分し，両者が同時に均衡するように実質金利と実質生産量が動くと考える。

(1)　IS 曲線
　本節を通じて，物価は一定と仮定する。したがって，本節の分析は，財市場で需給の不一致（不均衡）が生じても物価が調整されない短期の経済を想定している。まず財市場均衡から考えよう。企業は需要に応じて生産量を調節すると仮定する。企業の予測を上回って需要が拡大した場合，短期的には企業は被雇用者を増やすか労働時間を延ばすことで生産を拡大できる。逆に需要が予想以上に低迷した際には，企業は労働時間の削減や工場稼働率の引下げによって一時的に生産を縮小する[4]。このように，短期を想定するかぎり，企業が需要に応じて弾力的に生産量を増減させるというのは現実的である。

　財への需要は，家計消費，企業投資，政府支出のための需要に分類できる。家計の消費需要は可処分所得に比例する。可処分所得とは所得から国・地方自治体に支払う税金（所得税，住民税など）を差し引いたもので，家計が消費・貯蓄に回すことのできる所得のことである。所得は，労働に対する対価（給与所得）と資本供与に対する対価（利子・配当所得）からなる。国民経済計算の三面等価の原則より，国民所得は国内総生産（GDP）に等しい[5]。可処分所得の増加は消費を増加させるが，消費の増加量は所得の増加量を下回ると仮定する。家計は所得増加の一部を貯蓄に回すと考えられるからである。所得が1単位増加したときに消費が何単位増えるかという大きさを限界消費性向という

が，ここでは限界消費性向は 1 より小さいと仮定する。

　前節で論じたように，企業の投資需要は実質金利に依存し，実質金利が低下すれば投資は増加し，実質金利が上昇すると投資は減少すると仮定する。また，政府支出および租税は財政政策によって決まり，外生変数であるとする。以上の前提より，財市場の均衡条件は次のように定式化できる。

$$Y = C(Y - T) + I(r) + G \tag{10}$$

　変数はすべて実質単位で，Y は GDP，C は消費，I は投資，G は政府支出，r は実質金利，T は租税である。これらはすべてフローの変数，すなわち 1 四半期や 1 年間という一定期間の値（生産量や消費量など）である。$C(Y - T)$ は消費が可処分所得 $Y - T$ の関数であることを，$I(r)$ は投資が実質金利の関数であることをそれぞれ表す。上述の仮定より，

$$0 < \frac{dC(Y - T)}{dY} < 1 \tag{11}$$

かつ

$$\frac{dI(r)}{dr} < 0 \tag{12}$$

である。

　次頁**図表 3 - 1** のとおり，(10)式の関係を縦軸に実質金利，横軸に実質 GDP を取った平面に描くと右下がりの曲線になる。これを IS 曲線と呼ぶ。IS 曲線は財需要と財供給を一致させる金利と生産量の組み合わせを示している。なぜ右下がりになるかといえば，仮に実質金利を固定した状態で実質 GDP が増加すると財の超過供給が発生するため，需給均衡を回復するためには金利低下を通じて財需要（投資需要）が拡大しなければならないからである。図表 3 - 1 において，当初経済が IS 曲線上の点 A（r_0, Y_0）にあり，生産量だけが Y_1 に増加したとする。点 B（r_0, Y_1）では生産の増分 $Y_1 - Y_0$ に対して消費需要がそれ以下しか増えないため，財の超過供給が発生する。実質金利が r_1 まで低下し投資需要が増加することで超過供給が解消される（C 点）。

　なお，(10)式の右辺は事前的な需要であることに注意しよう。右辺の財需要（有効需要）が先に決まり，それに一致するように左辺の財供給が決まる，と

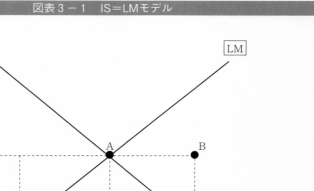

実質金利

図表3－1　IS＝LMモデル

いうのが(10)式の意味するところである。

(2)　LM 曲線

　次に金融資産市場について考える。金融資産は貨幣，債券，株式など様々であるが，ここでは貨幣（流動性資産）と債券（非流動性資産）に大別し，貨幣市場の需給均衡条件を考える。

$$\frac{M}{P} = L(r, Y) \tag{13}$$

(13)式の左辺が実質貨幣供給（実質マネー・ストック），右辺が実質貨幣需要である。$L(\cdot)$ は実質貨幣需要関数を表し，第1節で述べたとおり実質貨幣需要は取引需要と資産需要の二つに起因するものとする。取引需要は実質 GDP に比例して増加し，資産需要は名目金利が低下すると増加する。物価一定の仮定より名目金利は実質金利と同一になるため，貨幣需要は実質金利の関数と書け

低下している。しかしながら，労働者は実質賃金が上昇したと錯覚して，労働
供給を増加させる。こうして名目賃金の上昇（$W_0 \rightarrow W_1$），雇用量の増加
（$N_0 \rightarrow N_1$）が起こる。図表3－4(b)のとおり，雇用量のN_0からN_1への増加は
生産量のY_0からY_1への増加をもたらす。したがって，図表3－4(c)のように，
縦軸に物価水準P，横軸に総供給量Yを取った平面では右上がりのAS曲線
が描かれる。

　AS曲線は企業の生産性や費用構造に変化が起こるとシフトする。経済全体
の生産性が上昇するとAS曲線は下方シフトし，原油価格など原燃料価格が上
昇するとAS曲線は上方シフトする。

(3)　潜在産出量と長期総供給曲線

　図表3－4では，家計の労働供給曲線は物価が上昇しても動かないと仮定し
た。その理由は，企業のほうが財価格に関する情報をより多く持っており，物
価の変化を家計よりも先に認知すると考えられる点にあった。言い換えれば，
家計は企業より遅れて物価変化に気が付くという前提にここまでの議論は依拠
していた。

　しかし，仮にこの労働者錯誤仮説が正しいとしても，家計（労働者）がいつ
までも物価上昇に気が付かないとは考えにくい。物価上昇が持続的であれば，
家計も早晩物価上昇に気付き，実質賃金の上昇が錯覚だったと理解するだろう。
そして労働供給を減少させると想像できる。

　次頁**図表3－5**に，家計が物価変化に気付いたときのマクロ経済変数の動き
を図示した。図表3－5(a)は労働市場均衡，(b)はそれに対応する総供給曲線を
描いたものである。当初，物価P_0の下で労働需要曲線が$N^d(P_0)$，労働供給曲
線が$N^s(P_0)$であったとする。したがって初期均衡点はA点で，名目賃金は
W_0，実質賃金はW_0/P_0，雇用量はN_0，生産量はY_0である。金融緩和による総
需要増大によって物価がP_0からP_1に上昇したとすると，労働市場の短期均衡
はB点に移り，名目賃金はW_1に上昇，実質賃金はW_1/P_1に下落，雇用量と生
産量はそれぞれN_1，Y_1に増加する。ここまでは図表3－4と同じである。

　しかし，長期的には労働者が物価上昇を正確に理解するとすれば，労働供給
曲線も上方シフトする（$N^s(P_0) \rightarrow N^s(P_1)$）。労働市場の均衡点はC点に移り，

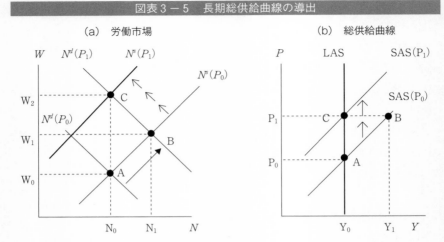

図表 3 － 5　　長期総供給曲線の導出

(a)　労働市場

(b)　総供給曲線

名目賃金はさらに W_2 まで上昇，実質賃金も W_2/P_1 に上昇する。この実質賃金水準 W_2/P_1 は初期水準 W_0/P_0 に等しいため，雇用量，生産量ともに初期状態に戻る（$N_1 \rightarrow N_0$，$Y_1 \rightarrow Y_0$）。

　企業の労働需要に影響する他の要因（生産性や原燃料価格など）と家計の労働供給に影響する他の要因（労働観など）に変化がなければ，物価変化に対し，長期的には労働需要曲線と労働供給曲線が同じだけ上方にシフトする。したがって，物価がいくら変化しても，長期的に労働市場を均衡させる雇用量は変化せず，必ず N_0 に落ち着く。この N_0 を完全雇用量と呼ぶ。また，長期の実質生産量も $F(N_0) = Y_0$ で一定となる。つまり，長期の総供給曲線は $Y = Y_0$ において垂直になる（図表 3 － 5(b)の LAS 曲線）。この Y_0 を「完全雇用産出量」，「完全雇用 GDP」，「潜在産出量」，「潜在 GDP」などと呼ぶ。

(4)　総需要刺激政策とインフレーション

　総需要曲線（AD 曲線）と短期・長期の総供給曲線（AS 曲線）を組み合わせることで，金融緩和政策や財政支出などの総需要刺激政策の短期から長期にわたる物価への影響を分析することができる。

　図表 3 － 6 に恒久的なマネー・ストックの増加（恒久的な金融緩和政策）の短期的効果を図示した。マネー・ストックの増加は総需要を増加させるため，

AD 曲線が上方シフトする（$AD_0 \rightarrow AD_1$）。その結果，マクロ経済均衡点は短期 AS 曲線（SAS_0）上を A 点から B 点に移動し，物価上昇（$P_0 \rightarrow P_1$）と実質生産量拡大（$Y_0 \rightarrow Y_1$）が起こる。背後のメカニズムは次のとおりである。マネー・ストックの増加は名目・実質金利を低下させ，投資需要を拡大する。また，貨幣の実質残高効果で消費需要も増加する。総需要の増加に直面した企業は財価格を引き上げつつ，名目賃金を財価格の値上げ率以下の範囲で引き上げ

図表 3 － 6　　金融緩和の短期効果

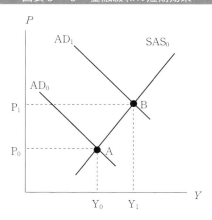

図表 3 － 7　　金融緩和の長期効果

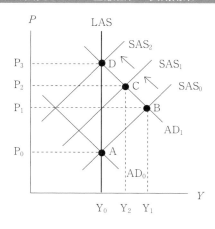

る。この結果，物価上昇に気付かない家計が実質賃金は上昇したと錯覚し，労働供給（雇用）と生産量が拡大するのである。

　しかしながら，早晩，家計も物価がP_1に上昇していることに気付くであろう。家計が物価上昇すなわち実質賃金低下に気付いた後のマクロ経済の調整過程を描いたのが前頁**図表3－7**である。家計は，物価がP_1に上昇し，実質賃金が前掲図表3－5(a)のW_1に対応してW_1/P_1まで下落していることに気が付くと，労働供給を減少させ，名目および実質賃金の引き上げを要求する。この結果，短期総供給曲線がSAS$_0$からSAS$_1$へ上方シフトする。SAS$_1$曲線は点（P_1，Y_0）を通るが，これは，名目賃金を図表3－5(a)のW_2まで引き上げて実質賃金を$W_2/P_1 = W_0/P_0$に戻すことを家計が要求するためである。この結果，マクロ経済の均衡点はSAS$_1$曲線とAD$_1$曲線の交点Cに移る。しかし，C点上では物価がさらにP_2まで上昇し，生産量も依然として潜在GDPを上回っている（$Y_2 > Y_0$）。なぜなら，C点上では家計がP_1からP_2への物価上昇に気付いていないからである。そのため，B点のときと同じメカニズムが働いて，短期AS曲線がさらに上方へシフトする。以下同じことの繰り返しで，短期AS曲線が徐々に上方シフトしていき，短期均衡点はAD$_1$上を左上に向かって移動していく。やがて，短期AS曲線がLAS曲線上でAD$_1$と交わるところで経済は長期的に均衡する（D点）。拡張的な財政政策の効果も全く同様に説明できる。

　図表3－7より，金融緩和政策や財政拡張政策などいわゆる総需要管理政策が実質GDPを拡大する効果は，あったとしても一時的であることがわかる。中長期的には物価上昇（インフレ）を招くだけに終わる。生産水準を長期的に引き上げるにはLAS曲線の右方シフトが不可欠であり，そのためには生産性（単位労働あたり生産量）の向上や労働力人口の増大が必要である。

　逆に，総需要が減少するショック（金融引締政策や増税など）が発生すると，AD曲線が下方シフトするため，短期的には物価下落と生産量の縮小が発生する。総需要の減少に直面した企業が価格引下げと同時に名目賃金も引き下げるため，実質賃金が低下したと錯覚した家計が労働供給を縮小するからである。長期的には，物価が下落し実質賃金が実際は上昇していることに気付いた家計が労働供給を増やし，名目および実質賃金の引下げに応じることで，短期AS曲線が下方シフトし，生産量は完全雇用水準まで回復する。

　しかしながら，現実にはこの総需要減少シナリオは二つの観点から実現しない可能性がある。一つは名目賃金の下方硬直性（Nominal Rigidity）である。企業が名目賃金を引下げようとすると，労働組合の抵抗などにあって実行は難しいことが多い。名目賃金を引き下げることができなければ企業は価格を引下げられず，総需要の減少をそのまま受け入れるしかない。つまり，実質 GDP は総需要の減少分（AD 曲線の下方シフトの水平方向の大きさ）だけ減少することになり，より深刻な景気後退に陥る。

　もう一つは，デフレ・スパイラルの可能性である。名目賃金引下げを行えたとしても，それが物価下落の一部を埋め合わせるものであって実質賃金は上昇していることを家計が正しく認識してくれれば良いが，現実はそうならないことが多い。むしろ，家計は名目賃金引下げを実質賃金引下げと錯覚する。加えて，物価下落に気付いた家計は今後さらに実質賃金が下落すると予想するほか，物価下落が続くと予想して財の買い控えを行う。これらが起こると，消費需要は減退し，総需要が一段と縮小すなわち AD 曲線が持続的に下方シフトする。そうなると，AD 曲線と短期 AS 曲線の交点は徐々に左下へ移動し，物価下落と生産量減少という悪循環から抜け出せなくなる。

(5)　フィリップス曲線

　これまでの議論より，経済の短期均衡，すなわち AD 曲線と短期 AS 曲線の交点で経済が均衡する期間を考えると，物価と実質 GDP，ないしインフレ率と実質 GDP 成長率は正の相関を持つことがわかった。実質 GDP の完全雇用水準からの乖離は失業率の裏返しであるので，物価と失業率の間には負の相関関係が存在することになる。したがって，縦軸と横軸にそれぞれインフレ率と失業率を取り，毎時点の両者の組み合わせをプロットすれば，右下がりの曲線を描くことができる。この曲線は最初にこの関係をデータで明らかにした経済学者の名にちなんで，フィリップス曲線（Phillips Curve）として知られている。

　AD＝AS 分析から明らかなように，短期フィリップス曲線は右下がりになるが，長期フィリップス曲線は自然失業率のところで垂直になる。自然失業率とは潜在産出量を実現する時に発生する失業率である。たとえ完全雇用状態であっても，労働人口の一定割合は転職市場に出て職探しをしているのが普通で

あり，一定割合の失業者は存在すると考えられるからだ（摩擦的失業ないし構造的失業）。なお，短期 AS 曲線がシフトするのと同様の理由で，短期フィリップス曲線もシフトすると考えられる。

(6)　現代の金融政策

　これまで中央銀行は実質生産量拡大を目指して金融緩和政策（マネー・ストックの増加）を行うものと想定して議論してきた。しかし，この想定が有効になるのは不完全雇用経済，すなわち循環的失業が存在する経済においてである。中央銀行が潜在 GDP 成長率の低迷による自然失業率の上昇を誤って循環的失業の拡大と判断し，マネー・ストックの増加（金融緩和）を繰り返したとすると，短期 AS 曲線が速やかに上方シフトする結果，インフレ率の高騰を招く恐れがある。経済がすでに長期 AS 曲線上にあるにもかかわらず中央銀行がマネー・ストックの増加を繰り返せば，物価上昇が繰り返し起こるため，家計はインフレ期待を高めると考えられる。インフレ期待とは現在から将来にかけての物価上昇率に関する人々の予想のことである。インフレ期待の高騰は短期 AS 曲線を持続的に上方シフトさせるため，そのような状況で金融緩和を行っても均衡点は長期 AS 曲線上を上に向かって移動し，インフレ率が高騰するだけということになる。たとえば，1970年代初頭の第 1 次オイル・ショックの際に日本経済は高インフレに悩まされたが，その背景には日本銀行の行き過ぎた貨幣供給があったという指摘がなされている[9]。

　本章の冒頭で確認したとおり，インフレは貨幣価値の下落を意味するため，中央銀行にとっては物価の安定すなわち緩やかなインフレの実現がその責務とされる。他方で，国民の経済厚生を最大化するという観点から，実質 GDP を完全雇用水準近くに維持することも中央銀行には求められる。言い換えれば，経済が常に長期 AS 曲線上にあるよう導くことが中央銀行の使命である。

　上述のとおり，GDP 極大化だけを追求する金融政策にはインフレ・バイアスがかかり，物価安定を達成することが難しい。そのため今日では，中央銀行の政策目標は，実質 GDP の実現値と潜在 GDP の乖離（GDP ギャップ）を最小化しつつインフレ率を低位安定化すること，と考えるのが通説となっている[10]。

　また，その際金融政策の操作手段はベース・マネーではなく短期金利とされ，現実に今日の中央銀行のほとんどがインターバンク市場金利の誘導目標を政策金利として設定している。第2章 *Column* で紹介した通り，これまでの議論が前提としていた信用乗数の安定性は現実には失われている。そのため，中央銀行がベース・マネーを操作しても，その何倍のマネー・ストックが生まれるかは予測できず，実効的な金融政策運営が困難というのが，ベース・マネーが操作手段に採用されなくなった理由の一つである。

【注】

(1)　$1 + \pi_{t,t+j} = \dfrac{P_{t+j}}{P_t}$ である。

(2)　これらをパーセントで表記すると$100i$％のようになる。たとえば，金利やインフレ率が5％のとき，i，r，πは0.05である。

(3)　xが0に十分に近いとき，$\log(1+x) \fallingdotseq x$が成り立つ。

(4)　米国のように企業によるレイオフ（一時的解雇）が日常的に行われる経済では，企業は労働者を解雇することで一時的な生産縮小を行う。

(5)　厳密には，国民所得は，GDPに海外との間で発生した雇用者報酬，利子・配当所得の受払い差額を加えた国民総生産（Gross National Products, GNP）に等しい。本章では閉鎖経済を仮定するため，GNPはGDPに等しくなる。また，国民所得も厳密には家計所得と企業所得（企業の内部留保）に分類できるが，ここでは企業は内部留保を残さず，売上をすべて賃金（雇用者報酬）と利子・配当金に充てるものとする。したがって，家計所得が国民所得およびGDPに等しくなる。

(6)　以下で紹介するのは「労働者錯誤仮説」に基づくAS曲線の導出である。右上がりのAS曲線を説明する仮説は他にもいろいろある。たとえば，マンキュー（2011）を参照のこと。

(7)　利潤最大化の十分条件$\Pi''(N) < 0$も$F'(N)$の仮定より成り立っている。

(8)　名目賃金の上昇率が物価上昇率に等しくなるのは，シフト後の労働需要曲線$N^d(P_1)$と垂線$N = N_0$の交点まで名目賃金が上昇したときである。

(9)　この時の貨幣供給量増大は1ドル360円ないし308円の固定相場を維持するために，日銀が大量の円売りドル買い介入を行ったことにも起因していた。為替介入と貨幣供給の関係については第9章を参照のこと。

(10)　2％前後の消費者物価上昇率が望ましいインフレ率と考えられている。

＜参考文献＞

白塚重典（2023）『金融政策　理論と実践』慶應義塾大学出版会。

白川方明（2008）『現代の金融政策　理論と実際』日本経済新聞出版社。

グレゴリー・マンキュー（2011）『マンキュー・マクロ経済学（第3版）Ⅰ・Ⅱ』東洋経済新報社。

第4章

金融仲介と金融システムの安定性

　金融システムは，資金の決済，貸借および出資などの資金交換と各種の証券受渡しから成り立つ金融仲介プロセスを円滑に行うために必要な仕組みであり，様々な種類の金融機関や金融市場から構成される重要な社会インフラである。金融仲介を円滑に行うためには，金融システムを利用する国民が安心して取引できるよう信用秩序が維持されること，すなわち金融システムが安定的に機能していることが大切である。

　本章では，金融システムの分類と特徴，金融仲介における金融機関の経済的な役割，金融システムを不安定化させる要因，金融システムを安定化させるために実施される規制政策について説明する。

Key Words

直接金融システム　間接金融システム　市場型間接金融システム　シャドー・バンキング　情報の非対称性　契約の不完備性　信用割当　預金取付け　レバレッジ取引　システミック・リスク　プルーデンス政策　マクロ・プルーデンス政策　FED ビュー　BIS ビュー

第 1 節　金融仲介と金融システム

(1)　金融システムの類型化

　金融システムは，資金の決済，貸借および出資などの資金交換と各種の証券受渡しから成り立つ金融仲介プロセスを円滑に行うために必要な仕組みであり，様々な種類の金融機関や金融市場から構成される重要な社会インフラである。金融システムを資金交換と証券受渡し方法という金融仲介プロセスの違いから類型化すると，直接金融システム（Direct Financial System）と間接金融システム（Indirect Financial System）に分けられる。

　図表 4 - 1は，直接金融システムと間接金融システムの概念図を描いている。図表 4 - 1 の左端には最終的な資金調達者，右端には最終的な資金運用者がいる[1]。図の中にある実線矢印（——▶）は資金フローを表し，点線矢印（----▶）は証券の受渡しを表している。ここで，矢印の向きは取引の方向を意味している[2]。図の中央には銀行と金融市場が存在し，いずれも資金や証券の交換を行う場であることを意味する。図中，下側にある金融市場を経由した金融仲介の仕組みを直接金融システムと呼び，図中，上側にある銀行などの金融機関を経由した金融仲介の仕組みを間接金融システムと呼ぶ。

　直接金融システムでは，資金フローの面では，金融市場を通じて最終的な資金運用者から最終的な資金調達者に対して直接資金が流れる。取引形態は，不特定多数の市場参加者の間で，価格や期日など画一化された契約条件で取引が行われる市場型取引である。証券受渡しの面では，最終的な資金調達者が発行した証券が金融市場で取引され，その証券を購入した最終的な資金運用者がその証券を直接保有する。特に，最終的な資金調達者が発行する証券のことを本源的証券と呼び，金融仲介プロセスの途中段階にいるそれ以外の資金調達者が発行する証券とは区別される。さらに，負債証券または出資証券という本源的証券の性質の違いから利益配分方法に違いが生じる。第 1 章の中でも説明したように，負債証券では，債務不履行が起きない限り資金運用者が一定額（元本＋利子）を受取り，残余利益のすべてを資金調達者が受取ることができるが，出資証券では，資金調達者が自らの利益の一定割合を配当という形で資金運用

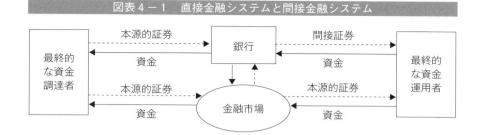

図表4－1　直接金融システムと間接金融システム

者に配分する。

　他方，間接金融システムの場合，預金や貸出など負債証券による取引が中心となることから，最終的な資金の調達者のことを最終的な資金の借り手と呼び，最終的な資金運用者のことを最終的な資金の貸し手と呼ぶ。間接金融システムにおける資金フローは，最終的な資金の貸し手から銀行などの金融機関を経由して最終的な資金の借り手に資金が流れるという特徴がある。取引形態は，銀行と最終的な資金の借り手の間で個別に交渉することで契約内容が決められることから相対型取引である。証券受渡しの面では，最終的な資金の借り手が，銀行に対して手形・小切手あるいは金銭消費貸借証書などの本源的証券を発行した引き換えに銀行から資金を借入れる。ただし，最終的な資金の借り手が発行する本源的証券は，満期が長くリスクが高いという特徴を持つため，そのままの特徴では満期が短くリスクが低いという特徴を好む最終的な資金の貸し手（預金者）に本源的証券を購入してもらうことができない。そこで，銀行は，本源的証券の性質を最終的な資金の貸し手の好みに合う性質を持つ別の証券に変換する必要がある。銀行によって変換された証券のことを間接証券と呼び，銀行が本源的証券を間接証券に変換する役割のことを銀行の資産変換機能と呼ぶ。

(2)　市場型間接金融システム

　市場型間接金融システムは，直接金融システムと間接金融システムの中間の位置付けにある金融システムである。市場型間接金融システムは，資産流動化や証券化という金融手法を用いて，最終的な資金調達者が保有する固定資産や銀行が保有する貸出債権を流動化または証券化し，金融市場を通じた証券化商

品の売買が可能となることから，市場型取引である。さらに，市場型間接金融
システムでは，金融市場で売買される債券や株式などの市場性資産を多く組み
込んだ投資信託受益証券を作成し，投資信託という金融商品として最終的な資
金運用者に販売することで，預金を中心とした間接証券以外の新たな資金フ
ロー経路を生み出すことが可能になる。図表 4 － 1 の中で，銀行と金融市場の
間にある資金フローと証券の交換を意味する矢印を経由するルートで，最終的
な資金運用者から最終的な資金調達者へと資金が流れる経路が市場型間接金融
システムに対応する。

　間接金融では，貸出債権の事前審査，融資実行，債権管理と回収業務を同一
の銀行が行っていた。しかし，市場型間接金融システムにおける証券化を利用
した金融仲介プロセスでは，上記の業務を互いに切り離し，別々の金融機関が
個々の業務を行うことから金融仲介機能の分割化（アンバンドリング）が行わ
れている。ここでの各業務は，政府による規制を受けないノンバンクが行って
いることから，これらの金融機関はシャドー・バンキング（影の銀行）と呼ば
れる。

　図表 4 － 2 は，証券化を利用したシャドー・バンキングによる金融仲介プロ
セスを描いている。以下，図表 4 － 2 を用いて，シャドー・バンキングによる
金融仲介システムについて説明しよう。

　まず，銀行が最終的な資金調達者（最終的な資金の借り手）を審査し，融資
を実行した時点で，貸出債権（本源的証券）が発行される。新規に貸出債権が
作られるプロセスを組成（オリジネーション）と呼ぶ。次に，銀行は複数の貸
出債権を一つの塊（ローン・プール）にまとめて特別目的事業体（Special
Purpose Vehicle）と呼ばれるペーパー・カンパニーに転売する。特別目的事業
体は，貸出債権の集合体を裏付けとした証券化商品を発行して，格付け機関に
よる格付けを付与して，金融市場において最終的な資金運用者に対して証券化
商品を販売する。特別目的事業体は銀行からの出資や融資を受けており両者を
事実上の同一主体と捉えると（図の点線で囲まれた部分），銀行と特別目的事
業体の連合体によって貸出債権（本源的証券）から証券化商品（間接証券）へ
と資産変換が行われている。さらに，シャドーバンキング・システムでは，従
来，銀行が行っていた債権管理や回収業務についてはサービサーと呼ばれる管

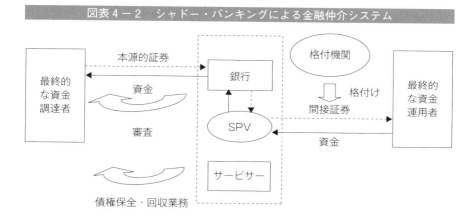

図表 4 － 2 　シャドー・バンキングによる金融仲介システム

理・回収の専門会社が行い，貸出実行後の債権保全業務については金融市場において格付け機関が格付業務を行うことで同じ機能を果たしている。

近年，わが国のように伝統的に間接金融システムが主流であった国において，市場型間接金融システムの普及と拡大が期待されている。ただし，一国の金融システムの制度設計を行う際には，直接金融システム，間接金融システムあるいは市場型間接金融システムのそれぞれが果たす役割を金融機能別に整理し，各金融システムの制度的補完性を強めて金融システムの安定化に寄与するという視点が大切である。

第2節　金融仲介と金融機関の経済機能

金融仲介プロセスにおける個々の金融取引には，以下の三つの問題が伴う。

第一に，現在と将来の間で資金交換を行うことから，将来不測の事態が生じる不確実性（Uncertainty）の存在から損益を被るリスクが存在する。金融リスクの内容については第7章（第1節金融リスク）の中で詳しく説明するが，信用リスク，流動性リスクおよび価格変動リスク（または市場リスク）が存在する。

第二に，金融取引を行う当事者間で，互いが持つ情報量や情報内容に違いがあるという情報の非対称性（Asymmetric Information）が存在することである。

取引相手が自分しか知らない私的情報を持つケースを「隠れた情報」呼び，取引相手が自分しか知らない私的行動に関する情報を持つケースを「隠れた行動」呼ぶ。前者のケースでは逆選択（Adverse Selection）の問題が起き，後者のケースではモラルハザード（Moral Hazard）の問題が起きる。

　第三に，金融取引を行う当事者に課される合理性に限界（限定合理性）があり，契約を結ぶ際に将来起こりうるすべての出来事を予知することが困難であるか，あるいは裁判所などの第三者が契約内容を立証することが不可能な場合，不完備な契約しか書けないという契約の不完備性（Incompleteness of Contract）の問題が存在する。

　金融機関が存在する理由は，金融仲介プロセスにおける個々の金融取引に伴う上記三つの問題から生じる取引コストを節約できる点にある。以下，金融機関が存在することで，金融仲介プロセスから生じる取引コストを節約できることを説明しよう。

　まず，第1節の中で説明したように，金融機関は，本源的証券を間接証券に換える資産変換機能を果たしている。金融機関が資産変換を行う際には，信用リスクだけでなく，流動性リスクや価格変動リスクの性質を変換している。たとえば，銀行は，信用リスクがあり長期（流動性が低い）かつ変動金利の貸出を行う際に発行された貸出証書を預金証書に変換することで，預金者に対して元本保証，短期（流動性が高い）かつ固定金利の預金を提供できる。

　次に，金融機関は情報生産機能を果たすことで，金融取引における情報の非対称性から生じる取引コストを節約できる。金融機関が取引先との間で金融取引を行う時点の前後で区別すると，取引前には取引先のタイプに関する情報の非対称性が問題となり，取引後には取引先の行動に関する情報の非対称性が問題になる。前者に対して，金融機関が取引先を審査することで，後者については金融機関が取引先の行動を監視することで金融機関が情報生産機能を果たし，情報の非対称性の問題を軽減している。

　このように金融仲介プロセスにおいて金融機関が資産変換機能や情報生産機能を発揮することで，取引コストを低減することができる。なぜなら，金融機関は，多数の貸出や預金を保有するため，ポートフォリオ効果が働き，信用リスクや流動性リスクを減らせるからである。さらに，取引先との長期的取引関

係や，銀行の場合には決済口座の保有を通じて，金融機関内部に取引先の情報が蓄積されるだけでなく，ポートフォリオ効果や情報生産活動には規模の経済性や範囲の経済性が働くために，審査や債権保全など情報生産活動にかかる固定費用を削減することが可能になるからである。

第3節　金融システムの不安定性モデル

　第2節で説明したように，金融仲介プロセスにおける資金調達者と資金運用者による金融取引において，不確実性，情報の非対称性および契約の不完備性などの問題が存在する。これらの問題から取引費用が発生するが，この取引費用が大きくなると金融仲介プロセスに支障をきたし円滑な資金決済，資金貸借および証券の受渡しができなくなるために金融システムの不安定性が高まり，経済全体での効率的な資金配分が実現できなくなる危険性がある。そこで，以下では金融システムを不安定化させる要因として，貸出市場における信用割当，預金市場における預金取付け，金融市場におけるレバレッジと資産価格暴落の関係について，それぞれ簡単なモデルを用いて説明する。

(1)　情報の非対称性と信用割当

　貸出市場に超過需要が発生しているにも関わらず，銀行が総貸出供給を増やさないために，借入を希望する借り手の一部しか資金を借入れできなくなる市場の状態のことを信用割当（Credit Rationing）が起きると表現する。高度経済成長期のわが国の貸出市場では，政府当局による人為的低金利政策の下で，貸出金利を低水準に意図的に固定することで信用割当が発生していたため，銀行は政策的に重要な産業を選別して貸出先を選ぶことができた。以下では，銀行と借り手の間にモラル・ハザードや逆選択などの情報の非対称性が存在する時に，貸出市場において信用割当が起きることをモデルで説明しよう。

①　貸出利子と借り手のモラル・ハザード

　企業の経営者は様々な事業計画の中からプロジェクトを選択して実行している。ある企業の経営者が，銀行借入で調達した資金を用いて一つのプロジェク

トを実行するケースを考えよう。以下では，銀行は外部者であるため，経営者がどのプロジェクトを選択したかを知ることはできないモラル・ハザード問題が存在するケースを考える。

　ある企業の経営者が2種類のプロジェクトG（Good）またはB（Bad）の内いずれか一つのプロジェクトを実行しようと考えている。プロジェクトGはローリスク・ローリターンであるが，プロジェクトBはハイリスク・ハイリターンである。いずれのプロジェクトをスタートする場合にも1単位の資金が必要であるが，この企業の自己資金は0であるため，プロジェクトに必要な資金1円の全額を銀行から貸出金利r（または100r%）で借入れる必要がある。借入時点で，このプロジェクトの将来キャッシュフローにはリスクがあり，プロジェクトが成功すればX_i円（i=G, B）となるが，失敗すれば0円になる。プロジェクトが成功した場合のキャッシュフロー水準はGの方がBよりも小さい（$X_G < X_B$円）と仮定する。プロジェクトが成功する確率をP_i（i=G, B）とおくと，プロジェクトが失敗するリスクはGの方がBよりも低いと仮定すると，Gの成功確率の方がBのそれよりも高くなる（$P_G > P_B$）。ただし，プロジェクトGの純現在価値の方がプロジェクトBの純現在価値よりも大きいと仮定する（$P_G X_G > P_B X_B$）。したがって，プロジェクトGが選ばれる方が効率的である。

　プロジェクトのキャッシュフローが実現し，そこから経営者は銀行に借入元本の1円と金利r円を合計してR円（＝1＋r円）を銀行に返済する。この経営者が平均的に受取ることが予想される期待収益は，ローリスク・ローリターンのプロジェクトを選んだ場合には$P_G(X_G - R)$円となる一方で，ハイリスク・ハイリターンのプロジェクトを選んだ場合には$P_B(X_B - R)$円となる。したがって，経営者が純現在価値の大きいプロジェクトGを選ぶためには，次の(1)式が成立していなければならない。

$$P_G(X_G - R) > P_B(X_B - R) \tag{1}$$

　(1)式を整理すると，(2)式が得られる。ただし，(2)式では(1)式が成立するために必要となる総返済額の上限値を$\hat{R}$と定義し，$\hat{R} > 1$すなわち$P_G X_G - P_B X_B > P_G - P_B$が成立していると仮定する。

$$R \leq \hat{R} \equiv \frac{P_G X_G - P_B X_B}{P_G - P_B} \tag{2}$$

(2)式から明らかなように，総返済額 R が $\hat{R}$ 以下ならば，経営者はプロジェクト G を選択する方が有利であるが，総返済額 R が $\hat{R}$ を超えると経営者はプロジェクト B を選択した方が有利となる。上記の例では貸出元本が 1 単位であると仮定したので，総返済額 R は貸出元本と金利 r の和 $(R = 1 + r)$ であることから，総返済額の上限値に対応した金利 $(\hat{R} = 1 + \hat{r})$ を $\hat{r}$ と定義すると，貸出金利とプロジェクト選択の関係は(3)式で表される。

$$r \leq \hat{r} \equiv \frac{P_G X_G - P_B X_B}{P_G - P_B} - 1 \tag{3}$$

　次頁**図表4－3**を見ながら，貸出金利と経営者のプロジェクト選択の関係を説明しよう。図の縦軸にはプロジェクトから得られることが予想される経営者の期待収益，横軸には貸出金利 r を選んでいる。図中の直線は，経営者がプロジェクト G を選んだ時と，プロジェクト B を選んだ時の経営者の期待収益と貸出金利の関係を示しており，二つの直線は図中の A 点で交差する。図を見れば明らかなように，A 点より左側では（貸出金利 r が $\hat{r}$ よりも低ければ），経営者がプロジェクト G を選択した場合の直線の方がプロジェクト B を選択した場合の直線よりも上側に位置することから，経営者はローリスク・ローリターンのプロジェクト G を選択するインセンティブがある。しかし，A 点より右側では（貸出金利 r が $\hat{r}$ よりも高ければ），上とは逆に経営者がプロジェクト B を選択した場合の直線の方が，プロジェクト G を選択した場合の直線よりも上側に位置することから，経営者はハイリスク・ハイリターンのプロジェクト B を選択するインセンティブを持つようになる。

　以上の例からわかるように，貸出契約において借り手の行動が外部の貸し手からは観察できないために隠された情報の問題が存在するケースでは，貸出金利の水準を上げていくと，借り手がハイリスク・ハイリターンのプロジェクトを選ぶインセンティブが高まり，モラル・ハザードが起きてしまう。上記の貸出契約の例では，プロジェクトが失敗したとしても借り手の収益は 0 円となる

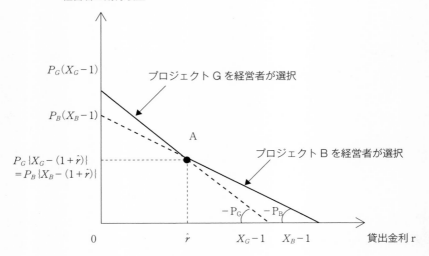

図表4－3　貸出金利と経営者によるプロジェクト選択の関係

だけでありマイナスとなることはなかった。これを有限責任制と呼ぶ[3]。この有限責任制が存在することで，借り手のモラル・ハザードが起きるのである。

②　信用割当の理論

　上で説明したのと同じモデルを用いて，貸出金利と逆選択の問題を説明することもできる。上のモデルでは，経営者がプロジェクトGまたはBのいずれかを選択するという借り手の「行動」が貸し手から観察できない隠れた行動を扱う設定であった。ここで，ローリスク・ローリターンのプロジェクトを持つ借り手をタイプGと呼び，ハイリスク・ハイリターンのプロジェクトを持つ借り手をタイプBと呼び，GとBという2タイプの借り手が存在する設定にして上記のモデルを再解釈してみる。すると，銀行が借り手のタイプを区別できないため，隠れた情報のケースとして上のモデルを扱うことができる。

　銀行が貸出金利を引上げていくと，ハイリスク・ハイリターンの借り手しか貸出に応募しなくなり債務不履行が増えるため，銀行の不良債権が増加する。ここで，貸出金利の上昇分から得られる利益を上回るような不良債権コストの

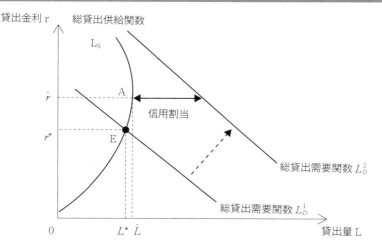

図表４－４　信用割当

増加により，銀行の期待収益はむしろ減少してしまう。したがって，銀行は，ある程度まで貸出金利を引き上げると，逆選択やモラルハザードの問題を恐れて，それ以上貸出金利を引き上げることを止めてしまう。

　貸出市場の様子を描いた**図表４－４**を見てみよう。図の縦軸には貸出金利 r，横軸には貸出量 L が選ばれている。図中，右下がりの直線は，すべての借り手の貸出需要を合計した総貸出需要関数 L_D を表しており，貸出金利が下がるほど総貸出需要が増加することを表している。一方，個々の銀行の貸出供給を合計した総貸出供給関数 L_S は，貸出金利が低い間は右上がりであるが，図中の A 点より上側ではその向きが左上がりに変化する。その理由は，貸出金利 r がある水準 $\hat{r}$ を超えて上昇すると，借り手のモラル・ハザードや逆選択の問題が起きることで銀行の期待収益が減少するため，銀行が $\hat{r}$ の水準を超えて貸出金利が上昇すると貸出量を減らしてしまうからである。総貸出供給曲線のこのような形状を指して後方屈折型曲線と呼ばれる。

　図表４－４の中で，総貸出需要曲線が L_D^1 の位置にあれば，貸出金利が伸縮的に変化する時，総貸出需要曲線と総貸出供給曲線が交差する E 点において貸出市場の均衡が成立し，貸出金利は r^*，総貸出量は L^* になる。しかし，何らかの理由で総貸出需要曲線が右上にシフトして L_D^2 の位置にあれば，銀行は

貸出金利を $\hat{r}$ の水準から引き上げようとしないので，総貸出供給量は $\hat{L}$ の水準に固定される。したがって，図中の A 点では貸出市場に超過需要が発生しているにも関わらず，銀行が総貸出供給を増やさないために，借入を希望する借り手の一部しか資金を借入れることができなくなるため，信用割当が起きている。

　最後に，上記の例では，総貸出供給関数はシフトしなかったが，クレジット・クランチが起きた場合には，総貸出供給関数は左側に大きくシフトするため，総貸出供給量の大幅な低下により実体経済へ悪い影響を及ぼすことになる。1990年代のわが国の貸出市場において，バブル経済後の不良債権の増加により銀行の自己資本が毀損した結果，銀行の貸出供給能力が低下したため，銀行による総貸出供給の収縮を意味するクレジット・クランチ（Credit Crunch）が起きた。

(2)　預金取付け

　銀行は，預金証書と引換えに要求払い預金を発行することで資金を調達している。要求払い預金は，現金と同じように決済手段として使用されることから，流動性が非常に高い金融商品であり，銀行は，預金者の要求に応じていつでも即座に預金を払い戻す必要がある。通常，預金者への払戻しが一斉に起きることはないので，部分準備制度の下で銀行は預金の一定割合を法定準備金として中央銀行に預けておけば，残りの資金を貸出や債券で運用することが可能となる[4]。このように，銀行は流動性の高い預金で集めた資金を用いて流動性の低い貸出で運用するため，資産と負債の間で流動性の変換を行っている。

　しかし，たとえば金融危機の発生や銀行の経営不安などの悪い情報が流れると，預金者は預金の払戻しが停止されることを恐れて，他の預金者よりも先に預金を引出そうとするかもしれない。このように預金の払戻しが一斉に起きることを預金取付け（Bank Run）と呼ぶ。以下では，簡単なゲーム理論のモデルを用いて，預金取付けが起きることを説明しよう。

　第 0 期，第 1 期および第 2 期からなる 3 期間モデルを考える。このモデルには一つの銀行と，預金者 A と預金者 B の 2 人の預金者が存在する。各預金者は 1 円の初期資金を持ち，第 0 期に初期資金の全額を銀行に預ける。銀行の初

期資金は0円で，銀行は第0期に預金者AとBから預かった合計2円の資金を用いてあるプロジェクトに融資する。

このプロジェクトから生まれる将来キャッシュフローは非流動的で，第2期まで融資が継続されれば高いキャッシュフロー2R円を生み出すが，第1期で融資を打ち切られるとプロジェクトは途中で清算され，プロジェクトの清算価値は2L円になる。ここで，第1期と第2期のキャッシュフローの間には，2L円＜2円＜2R円という関係が成立すると仮定する。すなわち，第2期までプロジェクトが継続した場合には，プロジェクトの純現在価値は正になるが，第1期に途中で清算された場合には，プロジェクトの純現在価値は負になる。第2期のプロジェクトの純現在価値が正であるため，第1期に銀行が融資を打ち切らない方がよいが，第1期に預金者からの払戻し請求があれば，銀行は融資を打ち切って回収した2L円を預金者に払い戻さねばならない。

第1期の時点で，預金者AとBは，預金を「引出す」または「引出さない」のいずれかの戦略を選択する。預金者AとBの両者が「引出さない」を選ぶと，第1期にプロジェクトが継続され，第2期にプロジェクトから2R円のキャッシュフローが生まれる。銀行は，預金者AとBに対して同額のR円ずつ払い戻す。一方で，預金者Aと預金者Bが共に「引出す」を選ぶと，銀行は融資を打ち切りプロジェクトは途中で清算され，銀行は清算価値2L円を預金者AとBに対して同額のL円ずつ払い戻す。

ここまでは預金者AとBの取り分は同じなのだが，問題となるのは預金者AとBの戦略が異なる場合である。第1期に，いずれか一方の預金者が「引出す」を選び，もう一方の預金者が「引出さない」を選んだとしよう。先ほど同様，銀行は融資を打ち切りプロジェクトの清算価値は2L円になるが，銀行は，「引出す」を選択した預金者に優先して1円を払戻し，「引出さない」を選択した預金者には残りの2L−1円を払戻すと仮定する。ここで，預金者の取り分を比較すると，仮定のL円＜1円から2L−1円＜1円となるため，「引出す」を選択した預金者の取り分の方が「引出さない」を選択した預金者の取り分よりも大きくなる。次頁**図表4−5**は，以上の説明をマトリクスで示してある。

図表4−5は，2×2のマトリクス（利得表）になっている。各プレーヤーの戦略が二つずつあるため，戦略の組合わせは合計四つある。マトリクスの各

図表4-5　預金取付けゲーム

預金者Bの戦略 預金者Aの戦略	引出す	引出さない
引出す	L, L	1, 2L-1
引出さない	2L-1, 1	R, R

　マスの数字は預金者の取り分を表し，左側の数字が預金者A，右側の数字は預金者Bの取り分を表している。まず，マトリクスの左上の（L, L）はAとBが共に「引出す」を選択し，それぞれL円ずつ受取ることを意味する。同様に，マトリクスの右下の（R, R）はAとBが共に「引出さない」を選択し，プロジェクトが第2期まで継続され，預金者AとBがR円ずつ受取ることを意味する。ただし，ここで時間割引率は0であると仮定している。いずれの場合も預金者AとBの取り分は同じであり，公平な分配だといえる。

　他方，マトリクスの右上の（1, 2L-1）やマトリクスの左下の（2L-1, 1）ではAとBの戦略が異なるため，預金者の取り分は異なり不公平な分配になっている点が重要である。すなわち，相手より先に引出した（つまり第1期に引出す戦略を選んだ）預金者は元本1円が戻ってくるため損失を被ることがないが，相手よりも後に引出した（つまり第1期に引出さない戦略を選んだ）預金者は元本1円を下回る2L-1円しか回収できないため，1-（2L-1）=2（1-L）円の損失を被ることになる。

　預金者Aは，預金者Bがどのような戦略を選ぶかをあらかじめ考えてから自分の戦略を決める。まず，預金者Bが「引出す」を選択したとすると，預金者Aは「引出す」を選択するとL円，「引出さない」を選択すると2L-1円しか得ることができない。仮定よりL円＞2L-1円なので，預金者Aは取り分が大きい方の「引出す」を選択する。次に，預金者Bが「引出さない」を選択したとすると，預金者Aは，「引出す」を選択すると1円，「引出さない」を選択するとR円を得ることができるため，預金者Aは「引出さない」を選択する。つまり，預金者Aは相手の出方に応じて自分の戦略を変えるプランを立てる。これを最適反応という。お互いの取り分が対称であるため，預金者

Bも同様の戦略プランを立てる。

　預金者AとBが上記の戦略プランを立てた場合，図表4−5のマトリクスにある四つのマスの中のどれが起きるだろうか。実はこの問題はゲーム理論のナッシュ均衡を用いて解かれるのだが，話を簡単にするために，とりあえず四つのマスの中のいずれか一つのマスが起きたとして，各預金者がそのマスから戦略を変更して他のマスへ移るよりも，そのマスに留まり続ける方が有利となる場合には，そのマスが安定的な結果であると予想できると考えよう。ここで，安定的な結果を均衡と呼び，安定的な結果もたらす戦略の組合せを均衡戦略と呼ぶ。

　たとえば，左上のマス（L，L）が起きたとする。預金者AとBのいずれも「引出す」を選んでいるが，どちらか一方の預金者だけが戦略を変更して「引出さない」を選ぶと，戦略を変更した預金者の取り分が2L−1円になり，当初のL円よりも小さくなる。したがって，いずれの預金者も戦略を変更するインセンティブを持たないために（L，L）は均衡になる。同様に，右下のマス（R，R）も均衡になる。一方，仮に右上のマスが起きたとすると，預金者Aは「引出す」から「引出さない」に戦略を変更することで，取り分が1円からR円に上がるため戦略を変更するインセンティブを持つため，右上のマスは均衡とならない。同様に，左下のマスも均衡とはならない。

　以上の議論から，預金者が共に「引出す」を選び（L，L）となる均衡と，預金者が共に「引出さない」を選び（R，R）となる均衡の二つが起きると予測できる。各マスにおける預金者AとBの取り分を足し合わせると右下のマスが2R円，左上のマスが2L円，右上と左下のマスが2L円となり，金額の大小関係は2L円＜2円＜2R円となる。したがって，右下のマス（R，R）が均衡となる場合には，預金者全体の（金額で測った）厚生水準が最大となり効率的な配分が実現できるため経済全体として望ましい結果が得られる。しかし，左上のマス（1，1）が均衡となる場合には，預金者全体の厚生水準が最小となり非効率的な配分しか実現できない。

　このゲームは，預金取り付けが起きる状態を描写していると解釈できる。つまり，預金者が自分の預金が払い戻されなくなることを恐れ，他の預金者よりも先に預金引出しの列に並ぼうと考えて行動することで，自己実現的に預金取

付けが起きてしまうのである。

(3)　レバレッジ取引と資産の投売り

　第2節で説明したシャドー・バンキングによる金融仲介システムでは，住宅ローンや企業向け貸付など銀行が持つ様々な貸出債権を証券化した金融商品が，投資銀行やヘッジファンドと呼ばれる民間の投資会社による投機対象となった。これらの金融機関は，レバレッジ（Leverage）取引を行い，少ない自己資金で借入を増やすことで投資資本を追加調達し，自己資本の数倍の金額に相当する資産を売買していた。また，投資家がレバレッジ取引を始める際には，取引を行う金融機関に証拠金を差入れる必要がある。レバレッジ取引は，資産価格が上昇している間は資本利益率（自己資本1単位当たりの利益水準）が高くなるというメリットがあるが，資産価格が下落を始めると，資産の時価評価により生じた損失金額を証拠金から差引くため，自己資本不足が発生する。その際，投資家は追加の証拠金を差入れるか，保有する資産を売却してポジションを解消するレバレッジの巻戻し（Unwinding）を行うかの選択に迫られる。特に，金融危機などの大きなショックが起きると，すべての投資家が一斉に資産を売却してポジションを解消しようとするため，金融市場で大量の売り注文が出ることにより，資産価格の暴落を招いてしまう。以下，**図表4-6**を用いて，レバレッジ取引と資産価格の暴落の関係について説明しよう。

　今，ある投資家が，10億円の証拠金を差入れることで金融機関から90億円を借入れて時価100億円の資産を購入したとする。投資家と金融機関の間で結ばれた契約の中で，レバレッジ比率（ここでは，資産／自己資本で定義）は10倍を維持する旨が約束されている。図の一番左にこの投資家のバランスシートを描いている。取引開始の数日後，資産価格が5％下落したとすると，時価評価した資産額は95億円になる。この時の投資家のバランスシートは図の中央に描いている。ここで，金融機関からの借入はそのまま残るので，時価評価で生じた損失5億円は証拠金から差引かれ，残った証拠金額は5億円になる。ここで何もしないと，レバレッジ比率は19倍に跳ね上がることになるが，契約の中でレバレッジ比率を10倍に維持する旨が定められているため，投資家は追加証拠金4.5億円を新たに差入れるか，あるいは45億円分の資産を売却して得た資金

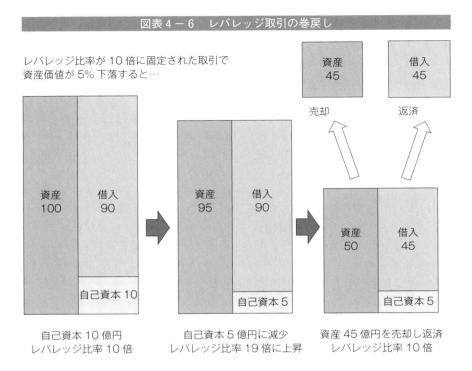

図表 4 - 6　レバレッジ取引の巻戻し

レバレッジ比率が 10 倍に固定された取引で
資産価値が 5% 下落すると…

資産
100

借入
90

自己資本 10

自己資本 10 億円
レバレッジ比率 10 倍

資産
95

借入
90

自己資本 5

自己資本 5 億円に減少
レバレッジ比率 19 倍に上昇

資産
50

借入
45

自己資本 5

資産 45 億円を売却し返済
レバレッジ比率 10 倍

資産
45

借入
45

売却　　　　返済

で借入の一部を返済するかの，いずれかを選択しなければならない。図の右端
には，資産を売却してポジションを解消した後のバランスシートを描いてい
る。
　上の例からもわかるように，レバレッジ取引を行っているときに資産価格が
下落を始めると，レバレッジの巻戻しと買いポジションの解消が一気に進むた
め，資産の売り注文が一気に広がることになる。特に，金融市場の参加者の多
くがレバレッジ取引を行っている中で金融危機のような大きなショックが起き
ると，すべての投資家が同調して同じ売り注文を出すことで市場流動性が大幅
に低下するため，金融市場の不安定化要因になる。

第4節　金融システム安定化とプルーデンス政策

(1)　金融機関の規制は必要か

　近年，金融取引のグローバル化やIT化が進んだこと，金融技術革新により様々な金融商品が生まれたこと，ヘッジファンドなど従来の枠組みでは規制対象とならなかった多様な市場参加者が増加したことなどの理由から，金融システムを不安定化する要因が増えている。銀行システムは，要求払い預金を発行することで資金決済機能を担っているが，一銀行で起きた預金取付けが，決済システムや資金貸借関係を通じて，他の取引先金融機関に瞬時に広まるリスクが高まっている。このような金融取引を通じてドミノ倒しのように負のショックが連鎖するリスクのことをシステミック・リスク（Systemic Risk）と呼ぶ。

　2008年に米国で起きたリーマン・ショックから世界的な金融危機に発展した事例では，銀行をはじめ多くの金融機関の経営危機や経営破綻が起こり，システミック・リスクが現実のものとなった[5]。さらに，金融危機を解決するために多額の税金が投入されるなど，金融危機を収束させるために莫大な社会的コストが必要となった。金融機関の中でもとりわけ銀行については，決済機能を担っておりシステミック・リスクに晒される程度が大きいことから，政府監督当局や中央銀行によるプルーデンス政策（Prudential Policy）の対象となり，経営内容について細かい規制を受けている。

　このような規制の存在は金融機関の経営者のインセンティブに影響する。たとえば，預金保険が存在することで銀行経営者による安易なリスク・テイク行動を助長し，規模の大きな金融機関の経営破たんはシステミック・リスクを高めるために政府救済を受けやすいこと（Too Big To Fail，TBTF）から，銀行経営者の経営規律の緩みが起きやすくなるなどの問題がある。したがって，規制当局が金融機関の規制体系を設計する際には，金融システム安定化のためのコストと，経営者のモラル・ハザードから生じる非効率性のコストとのトレード・オフ問題を考えなければならない。以下では，わが国のプルーデンス政策の具体的な内容と論点について説明しよう。

(2) ミクロ・プルーデンス政策

　信用秩序を維持し金融システムの安定化に資することを目的として個別金融機関の経営に対し施される各種の規制政策のことを総称してミクロ・プルーデンス政策（Micro Prudential Policy）と呼ぶ。ミクロ・プルーデンス政策は，個別金融機関の経営破綻や金融不安が起きる前と後で分類することができる。個別銀行の経営破綻を未然に防ぐことを目的とした規制は事前的規制に分類され，個別金融機関の経営破綻が起きた後に信用秩序の維持を目的として行われる規制は事後的規制に分類される。ミクロ・プルーデンス政策を実施・運営する経済主体には，公的主体と民間主体が存在する。公的主体には，金融庁や預金保険機構などの政府監督省庁や，日本銀行などの中央銀行がある。一方，民間主体には，民間金融機関や各種民間業界団体がある。**図表4－7**はわが国のミクロ・プルーデンス政策の概要を示しており，図表4－7Aは事前的規制について，図表4－7Bは事後的規制について図を描いている。それぞれの図の中に，規制の実施・運営主体別に各種の規制内容を書き入れている。以下，この図を見ながら，それぞれの規制内容を説明しよう。

① 事前的規制

　まず，図表4－7Aの事前的規制の中で金融庁（かつては大蔵省）が行う規制には，競争制限規制，バランスシート規制および金融検査がある。競争制限

図表4－7　わが国のミクロ・プルーデンス政策

A　事前的規制

実施主体	内容
金融庁	競争制限規制
	バランスシート規制
	検査
日本銀行	市場モニタリング
	考査
民間	市場による監視
	自主規制

B　事後的規制

実施主体	内容
金融庁	破綻処理・公的資金注入
預金保険機構	預金保険
日本銀行	流動性供給
民間	相互援助

規制は，金融機関による過度な競争が起きないよう，政府や監督当局が金融機関の経営内容や市場環境を直接規制する。主には，長期金融と短期金融を別々の金融機関に担わせる長短分離規制，銀行による証券業務や信託業務の兼業を禁じた業務分野規制，預金市場で決まる金利に法律で上限を設ける預金金利規制，海外との金融取引を制限する為替管理などがある。戦後のわが国の金融行政は護送船団方式と呼ばれるが，競争制限的な規制を通じて金融機関同士の市場シェア競争や価格競争を抑制し，金融機関にレントを発生させることで，金融機関経営の安定が優先された。しかし，1970年代以降，金融自由化と国際化の流れの中で，競争制限規制の多くは廃止されるか，あるいは規制内容が大幅に緩和されている[6]。

次に，バランスシート規制は，金融機関のバランスシート上にある個々の資産や負債の水準あるいは財務指標などの目標値を定めることで，金融機関による過度なリスク・テイクを未然に阻止することを目的とした規制である。自己資本比率規制は，分子に自己資本，分母にリスク資産をとり，両者の比率がある一定の水準以上になることを定めた規制である。なお自己資本比率規制については国際的な統一基準であるバーゼル規制（BIS 規制）が存在しており，世界中の銀行のリスク管理の方向性が定められている[7]。大口融資規制は，特定の産業向けの融資額や一銀行が一社の取引先に貸出す金額に上限を課すことで信用リスクの集中を避け，銀行のポートフォリオの安全性を高めることを目的とした規制である。また金融機関の為替リスクを管理するために外国為替の持高規制がかつて存在したが，現在は撤廃されている。

金融検査は，監督省庁が金融機関に直接出向いて，経営内容や不正が起きないよう監視する規制である。たとえば，検査結果により自己資本不足が判明した場合には，早期是正措置を発動し，当該銀行に対して経営改善などの行政指導を行う権限を金融庁が有している。日本銀行も同じような金融機関の検査を行っているが，日銀による検査のことを特に考査と呼び，金融庁による検査と区別している。また，日銀は各種の経済指標をサーベイし市場モニタリングを行うことで，金融市場の安定性向上に努めている。

以上の公的主体による事前的規制の他にも，民間による自主規制として業界によるルール作りや，取引慣行などが存在してきた[8]。たとえば，かつてわが

国の金融市場においてコール資金や社債などを取引する際には有担保による取引慣行（有担保原則）が存在していたが，現在では無担保での取引が主流となっている。

②　事後的規制

金融機関の経営破綻が起きた以降の金融規制の目的は，個別金融機関の経営破綻コストの最小化だけに留まらず，むしろ個別金融機関の経営破綻が引き金となりシステミック・リスクが顕在化しないよう信用秩序を維持することに主眼が置かれている。

事後的規制の中でも最も重要なものの一つが，中央銀行による最後の貸し手（Lender of Last Resort, LLR）機能である。わが国では1990年代後半に多数の金融機関の経営破綻が起きた際，日本銀行が無担保かつ無制限にコール市場などの銀行間市場に流動性を供給し，連鎖的な金融機関の資金繰り悪化を食い止めることに成功した。また，預金者によるパニック的な預金取付けの発生を防ぐために，預金保険機構により運営される預金保険（Deposit Insurance）制度が存在することで，決済性預金に限り預金元本1,000万円とその利子の払戻しが保証されている。これらの事後的規制のいずれもが信用秩序の維持に寄与し，金融システムの安定性を確保するために不可欠な制度である。

また経営破綻した銀行の処理方法や公的資金の注入は，金融庁などの監督省庁と政府が協力して行う体制が整備されている。通常，金融機関が破綻すると破産管財人により破産手続が進められ，受皿銀行が見つかるまでつなぎとしてブリッジバンクが一定期間設立され，取引先企業や預金者に支障が起きないよう努めている。さらに，金融危機発生時には，内閣総理大臣の責任で，金融機関への公的資本注入や資金援助，あるいは一時的国有化が実行される。

以上の公的主体による事後的規制の他にも，経営破綻した金融機関の顧客保護を目的として民間業界団体による相互資金援助などの仕組みが存在する。たとえば，生命保険契約者保護機構では，協会員から拠出された資金を用いて，経営破綻した生命保険会社の顧客への保険金支払いや合併に伴う資金援助などを行っている。

(3)　マクロ・プルーデンス政策

　2008年9月に起きたリーマン・ショック以降，世界の金融市場は，株価暴落，市場金利の急騰，流動性の枯渇などの深刻な事態に見舞われ，多くの金融機関の経営破綻が起き，信用不安が発生した。この金融危機で明らかにされた問題は，以下の二つの点に集約される。第一に，各金融機関のポートフォリオや取引ポジションにおけるリスク・テイクの方向性の同一化が進むと，わずかなショックで市場の需給バランスが崩れ，市場参加者による取引ポジションの巻戻しなどの群集行動（Herding）が起こり，金融市場における価格変動リスクを高めてしまう。第二に，証券化商品を含むデリバティブ市場の拡大により，商品内容の複雑化，取引手法の多様化，さらにはシャードー・バンキングなど市場参加者の多様化により，金融システム内部のリスクを把握することが困難となっている。

　個別金融機関の規制に留まっていた従来型のミクロ・プルーデンス政策では，上記の問題の解決には限界があることが認識されることとなり，金融機関の相互連関性や実体経済と金融との関連性を考慮して，金融システム全体の安定化を主たる目標とする政策手段の実施が規制当局だけでなく中央銀行に求められるようになった。これらの政策体系を総称してマクロ・プルーデンス政策（Macro Prudential Policy）と呼ぶ。

　マクロ・プルーデンス政策の具体的内容については統一的な定義は存在せず，国によっても内容に違いがある。たとえば，バーゼルⅢでは，銀行の自己資本の質および量の充実を図ると同時に，カウンター・シクリカル・バッファーや資本保全バッファーなど資本の上乗せを要求することで，システミック・リスクに対する銀行資本の頑健性を高める規制を導入している。

　日本銀行によると，わが国におけるマクロ・プルーデンス政策には，「金融システム全体の状況とシステミック・リスクの分析・評価」という側面と「システミック・リスクの抑制を目的とした政策手段の実行やその勧告」という側面がある[9]。前者については，日本銀行はマクロ・ストレステストを実施し，金融機関の自己資本の健全度の評価，マクロ計量モデルによる実体経済と金融部門の関連性の評価および市場モニタリングによる各種金融指標の監視を行い，それらの成果を『金融システムレポート』として年に1回公表している。

　さらに，資金・証券・清算に関わる民間決済システムの制度内容，リスク管理や運営の体制について日本銀行がオーバーサイトを行い，金融システムの安定性向上に努めている。一方，後者については，日本銀行は，システミック・リスクが顕在化する恐れのある場合に限り，日本銀行法第38条に基づく融資（特別融資）を行い，最後の貸し手機能を果たす義務がある。また，マクロ経済指標については，中期（向う1～2年）と長期の二つの視点から物価安定と持続的な経済成長を両立させるよう金融政策運営を行っている。

(4)　FEDビューとBISビュー

　最後に，マクロ・プルーデンス政策に関する見解の相違について説明しよう。マクロ・プルーデンス政策の重要性は世界中で認識されているが，各国の政府，中央銀行および国際機関の間で見解の違いがあり，米国の連邦準備銀行（Federal Reserve Bank，FRB，FEDと呼ばれる）と国際決済銀行（Bank for International Settlements，BIS）の間で見解に開きがある。

　FEDによる見解では，資産価格バブルが起きているかどうかを中央銀行が識別することは困難であることから，資産価格への対策として金融政策を用いるべきではなく，バブルなどが崩壊して金融システムの不安定性が顕在化した時のみ，信用秩序維持の観点から積極的に金融政策を運用するべきという立場である。他方，BISによる見解では，バブルの発生はある程度予測可能であるため，バブルの兆候が見られれば中央銀行は早期に引締め政策を採ることでバブルの芽を摘むことを主張している。FEDビューでは，政府当局による市場介入を極力避けて，基本的に市場メカニズムに任せながら，市場の失敗が起きた場合にのみ政府による規制や政策実施を正当化する一方で，BISビューでは，政府当局による規制や政策実施による裁量的な市場介入の重要性を説いている。FEDビューではバブルの発生と拡大を抑えられず金融危機時に負担するコストが大きくなる点，BISビューではバブルの識別問題とそのためのコスト増大，そして何より裁量的政策を採用することによる市場へのコミットメント手段の喪失というコストが存在するため，二つの見解ではいずれのコストを重視するかによるスタンスの違いが表れている。

【注】

(1)　最終的とは，個々の資金貸借や出資関係などの金融仲介プロセスを遡ると，最終的にたどり着く最後の資金調達者あるいは最初の資金運用者であることを意味する。

(2)　なお，銀行と金融市場の間の点線矢印と実線矢印は，次の(2)市場型間接金融システムの説明で用いるので，それまで無視する。

(3)　通常，有限責任の原則とは，株式会社などで株主の責任が出資額に限定されるという意味で用いられるが，本文中で用いられる有限責任制とは，借り手が債務不履行を起こした場合，担保の没収や債務返済の無限責任などの義務を負わないという意味で用いられている。

(4)　第 2 章の信用創造を参照のこと。

(5)　第 7 章の *Column* を参照のこと。

(6)　たとえば，預金金利規制は段階的に自由化され1990年代の半ばには当座預金以外のすべての預金金利が自由化された。また，変動相場制への移行による円の国際化や，1979年の外為法改正により対外資本取引が原則自由化され，1998年の改正外為法により為銀主義が廃止され外国為替取引への参入が自由となったことから，国際化が一気に進んだ。

(7)　詳しくは本章の *Column* を参照されたい。

(8)　たとえば，証券業界の自主規制について日本証券業協会の HP には「金融商品市場への信頼を確保するために，法令によるものではなく，自治の精神に基づき，自ら策定した規則によって自らを律することです」と書かれている。同様の自主規制はその他の金融関連の業界団体にも存在する。

(9)　日本銀行（2011）『日本銀行のマクロプルーデンス面での取組み』を参考にしている。

＜参考文献＞

酒井良清・鹿野嘉昭（2011）『金融システム（第 4 版）』有斐閣アルマ。

酒井良清・前多康男（2004）『金融システムの経済学』東洋経済新報社。

福田慎一（2013）『金融論－市場と経済政策の有効性』有斐閣。

Column

バーゼル規制

　自己資本比率規制について国際的な統一基準を定めた規制がバーゼル規制である。国際決済銀行（Bank for International Settlements）の協力の下，各国の金融監督当局と中央銀行をメンバーとするバーゼル銀行監督委員会の中で規制内容の協議や決定が行われており，スイスのバーゼルに本処地があることからバーゼル規制あるいは BIS 規制と呼ばれている。1980年代に入り，金融のグローバル化と IT 化が進み，デリバティブなどのオフバランスシート取引が拡大する中，中南米の債務危機が国境を越えた金融危機に拡がり，1987年に米国で起きたブラック・マンデーと呼ばれるプログラム・トレードによる株価暴落が世界の株式市場に影響を及ぼしたことから，それまで各国の金融当局が独立して実施していた金融監督規制ルールを国際的に統一化する機運が高まったことが規制の生まれた背景にある。

　1988年に最初のバーゼル合意（アコード）が制定され，国際的に業務を行う銀行が保有するポートフォリオの各資産を信用リスク別にウェイト付けを行い計算されたリスク・ウェイト量に対する所要自己資本の比率を8％以上（国内向けに業務を行う銀行には4％以上）に維持することを要求するもので，この合意をバーゼルⅠ（または BIS Ⅰ）と呼ぶ。所要自己資本とは，第1分類資本（Tier 1：株主資本や内部留保など）＋第2分類資本（Tier 2または補完的資本とも呼ばれる：劣後債など）からなり，所要自己資本に占める第1分類資本の割合が50％以上になることをバーゼルⅠでは要求していた。

　その後，1996年にバーゼル合意は改訂され，従来の信用リスクに加えて市場リスクに対応した自己資本を要求し，先進的なリスク管理手法を持つ金融機関に対しては VaR などの内部モデルを用いて市場リスクを計測し，所要資本量を計算することが認められた。さらに，2004年にはバーゼルⅡと呼ばれる新規制に改訂され，最低所要資本，監督上の検証および市場規律という三つの柱が確立された。一例をあげると，所要資本量の計算にオペレーショナル・リスクと呼ばれる事務的ミスやシステム・ダウンのリスクに対応した資本量を要求すること，リスク・ウェイト量を計算する際に格付けを反映させることなどが加えられた。

　2008年に起きた米国のサブプライム・ローンに端を発する世界金融危機に際

して，銀行の資本不足や流動性不足が顕在化し，従来型のバーゼルⅡ規制が有効に機能しなかったことへの反省から，2010年にバーゼル銀行監督委員会はバーゼルⅢ（副題「より強靭な銀行および銀行システムのためのグローバルな規制枠組み」）を公表し，バーゼル規制の更なる強化を目指すこととなる。主たる特徴は，自己資本の質および量の強化，資本保全バッファーやカウンター・シクリカル・バッファーの導入，流動性規制の導入，レバレッジ規制などがある。以下，それぞれの内容について簡単に説明する。

　まず，自己資本の質および量の強化については，まず第１分類資本を中核的自己資本（Core Tier 1）とその他自己資本の二つに分け，リスク・ウェイト量に対する中核的自己資本比率が4.5％以上，中核的自己資本とその他の第１分類資本の合計がリスク・ウェイト量に占める比率が６％以上という最低水準を導入した。中核的自己資本には損失バッファーとして有効に機能する内部留保と普通株のみが認められ，資本の質の向上が図られた。さらに，第１分類資本と第２分類資本を合計した総資本がリスク・ウェイト量に占める比率の最低水準が８％以上となることを要求している。その他にも，経営危機時に自己資本が毀損（きそん）した時に取り崩すことが可能な損失吸収のための資本保全バッファーとして2.5％，自己資本の一部を景気が良い時に積立てておき，景気が悪い時には取り崩すことで，銀行の自己資本が持つ景気循環増幅（プロ・シクリカル）効果を相殺する目的で導入されたカウンター・シクリカル・バッファーとして０〜2.5％の資本を中核的自己資本に別途上乗せする（サーチャージ）ことが要求されている。

　次に，流動性比率規制には，流動性カバレッジ比率（Liquidity Coverage Ratio）と安定調達比率（Net Stable Funding Ratio）という二つの財務指標が目標値として導入され，金融機関の流動性リスクを定量的に管理することが求められている。流動性カバレッジ比率は，ストレス発生時に必要となる流動性に対して即座に換金可能な流動資産でどれくらいカバーできるかを測る指標で，30日間の純資金流出額に占める適格な流動性資産の比率が100％以上になることを要求している。また，安定調達比率は，長期貸出など流動性の低い資産に対して長期かつ安定的な負債で調達することを目的として導入され，所要安定調達額に対する利用可能な安定調達額の比率が100％以上になることを要求している。

　最後に，レバレッジ取引とポジションの巻戻しによる金融市場価格の変動を抑えることを目的として，自己資本比率の分母にリスク・ウェイト量ではなくエクスポージャー総額をとり，それに対する第１分類資本（Tier 1）の比率が

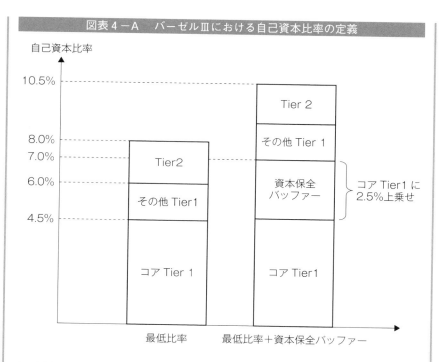

図表 4 − A　バーゼルⅢにおける自己資本比率の定義

３％以上になることを要求している。

　また上記以外にも，国際的に営業を行い規模が大きいメガバンクなど，経営破たん時のシステミック・リスクが大きいと考えられるグローバルにシステム上重要な銀行（Global Systemically Important Banks）への追加資本の要求なども導入されている。

　バーゼルⅢ最終化の実施時期に関する国際合意はコロナの影響で１年延期され2023年１月となることが決まっていたが，各国の事情により実施時期が国ごとに異なっている（例えば，2023年９月に英国中銀は2025年１月の実施時期を同年７月に半年延期する発表をした）。日本では，バーゼルⅢ最終化が2023年３月期より段階的に実施されている。

　バーゼルⅢ最終化の特徴は，「銀行が直面するリスク別に計測手法を見直し，リスク計測で生じうる過度なバラつきを軽減することを目的として設計されている点」にある（以下，日本銀行資料「バーゼル規制の概要」2023年６月を参照）。例えば，標準的手法では，信用リスクの計測に用いられるリスク・ウェイト（RW）の変更（例えば，無格付の中堅企業向け債権の RW を100％から85％へ

の引き下げ，株式の RW の100%→250%への引き上げ）や，市場リスク計測の感応度の向上が図られている。また，内部モデルの利用については，オペレーショナル・リスクや信用評価調整（CVA）リスクについては廃止されることが決まっている。新たに，標準的手法で算出されたリスク・アセットの72.5%の水準に資本フロアを設けて，内部モデルを用いて算出されたリスク・アセットがこの資本フロア水準を下回らない措置を導入することが要求される。

第5章

企業金融

　企業の財務担当者は，日々の企業活動を行う上で必要となる資金を調達するために，内部資金と外部資金の組み合わせ，あるいは様々な種類の外部資金の組み合わせを考えている。企業金融はコーポレート・ファイナンスとも呼ばれるが，企業金融は，企業のバランスシートの右側にある有利子負債と株主資本をどのように組み合わせれば資金調達に際して企業が負担しなければならない資本コストを引き下げることができるのかを考察する。

　本章では，企業の資本コストを説明した後に，「完全な資本市場という前提条件の下で企業の負債・株式比率が企業価値に影響を与えない」という資本構成に関する無関連性命題として有名なMM定理について説明する。次に，法人税の存在や，完全資本市場の仮定を外すことで，MM定理が成立しなくなることを説明し，企業の負債・株式比率が企業価値に影響を与えること，すなわち最適資本構成が存在することを説明する。最後に，経営者と株主や債権者との間の依頼人・代理人関係と情報の非対称性の問題から生じるエージェンシー費用を最小にする最適資本構成が存在することを説明する。

Key Words

加重平均資本コスト　MM定理　負債の節税効果　債務不履行リスク　最適資本
構成　依頼人・代理人関係　エージェンシー論　ペッキング・オーダー理論

第1節　資本コスト

　第6章の第3節で説明する配当割引モデルでは，株式の理論価格は将来配当が生み出すことが予想される期待キャッシュフローを株式の期待収益率で割引くことで求められている。無借金の株式会社の企業価値は，配当割引モデルで求められる株価に発行済み株式枚数を掛けた株式時価総額で表すことができる。しかし，ある程度大きな規模の企業において株式のみで資金を調達しているケースは稀であり，大抵の企業は銀行借入や社債などの有利子負債と株主資本を組み合わせて外部資金調達を行っている。

　それでは，負債と株式の両方で外部資金を調達する企業の企業価値をどのように求めればよいのであろうか。負債が社債などの市場性資産であれば，流通市場における社債の市場価格を用いて負債価値を計算することもできるが，負債が銀行借入であれば流通市場が存在しないため，簿価を用いて負債価値が計算される。そこで，このようにして求めた負債価値と株式時価総額を足し合わせることで企業価値を計算できる。

　上記の方法では企業のバランスシートの右側にある有利子負債と株主資本に注目して企業価値を計算したが，企業のバランスシートの左側にある資産に注目して企業価値を計算することもできる。つまり，株式の理論価格を求めた時の配当割引モデルの考え方を応用して，配当にあたる期待キャッシュフローの部分を，将来企業の事業活動から得られることが予想される利益の期待キャッシュフローと見なすことで，企業価値を計算することができる。

　株式の配当割引モデルでは配当の期待キャッシュフローを株式の期待収益率で割り引くが，企業の事業活動から得られるキャッシュフローの割引率として何を用いるべきであろうか。ある企業が負債と株式で資金調達を行っているケースを考えてみる。負債による資本提供者が要求する期待収益率は負債コストにあたる借入金利を r（または$100r$％），株式による資本提供者が要求する株式の期待収益率を r_E（または$100r_E$％），負債の市場価値を D 円，株式の時価総額を E 円とおくと，法人税率が t（または$100t$％）の場合，この企業のすべての資本提供者が平均的に要求する期待収益率は，(1)式で表される加重平均

資本コスト（Weighted Average Cost of Capital, WACC）と等しくなる。

$$WACC = \frac{D}{D+E} \times r + \frac{E}{D+E} \times r_E \tag{1}$$

(1)式は，負債資本提供者が要求する資本コストである金利 r と，株主資本提供者が要求する資本コストである株式の期待収益率 r_E を，それぞれ負債資本 D 円と株主資本 E 円が総資本 $D+E$ 円に占める比率でウェイト付けした資本コストが加重平均資本コストになることを意味する。

　具体的な数値例で(1)式の加重平均資本コストを計算してみよう。ある企業が社債発行と株式発行により資金調達を行っている。この企業の社債発行額が40億円で，社債利子率は 5 ％である。さらに，この企業の株価は 1 株6,000円で発行済み株式枚数は100万枚だとすれば，この企業の株式時価総額は6,000円×100万枚＝60億円となり，この企業に投資している投資家が要求している株式の期待収益率は10％である。この企業の加重平均資本コストは，(2)式のように計算すると 8 ％になる。

$$WACC = \frac{40}{40+60} \times 0.05 + \frac{60}{40+60} \times 0.1 = 0.4 \times 0.05 + 0.6 \times 0.1 = 0.08 \tag{2}$$

　企業の資産サイドに着目して企業価値を計算する場合，事業活動からの期待キャッシュフロー総額を加重平均資本コストで割り引くことで，企業価値を計算できる。

第 2 節　MM 定理

　モジリアーニ（Modigliani）とミラー（Miller）は，「完全な資本市場の下では，企業の資本構成は企業価値に影響を与えない」という命題を証明した[1]。これは，資本構成（Capital Structure）に関する無関連性命題として知られており，2 人の名前にちなんで MM 定理と呼ばれている。

　MM 定理の前提条件である完全な資本市場とは，第一に税金や手数料などの取引コストが存在しない，第二に借り手の債務不履行が起きない（信用リス

クが存在しない），第三に貸し手と借り手の間で情報の非対称性が存在しない，
という特徴を持つ市場を意味する。

　これらの仮定のいずれも現実の資本市場において成立していないが，モデル
分析を行う上ではある意味で理想的な市場といえる。なぜなら，完全な資本市
場の仮定をおくことで，投資家による自由な裁定取引が起きる結果，市場を均
衡させるよう価格が瞬時に調整され，効率的な市場を実現できるからである。
以下では，完全な資本市場の下，投資家による裁定取引が起きることを用いて，
MM 定理が成立することを説明しよう[2]。

(1)　モデルの説明

　今，U 社（Unleveraged）と L 社（Leveraged）の二つの会社がある。U 社
と L 社は全く同じ事業活動を行い，毎年同じ営業利益 X 円をあげている。U
社と L 社の違いは資本構成にある。U 社は株式発行のみで資金調達を行って
いるのに対して，L 社は社債発行と株式発行を組み合わせて資金調達を行って
いる。以下では，U 社の企業価値を V_U 円，L 社の企業価値を V_L 円と表し，U
社の株主資本の市場価値を E_U 円，L 社の株主資本の市場価値を E_L 円，社債
の市場価値を D 円と表す。さらに，社債の利子率を r（または$100r$ %）と表す。

　法人税の効果は次節で詳しく説明するが，以下では話を簡単にするために法
人税率 t（または$100t$ %）は 0 と仮定する。したがって，U 社では営業利益 X
円のすべてが投資家に配当として支払われる一方，L 社では負債利払い後利益
$X-rD$ 円が投資家に配当として支払われる。

　U 社は株式発行のみで資金調達を行っているため，U 社の企業価値は株主資
本の市場価値 E_U 円と等しくなる[3]。したがって，U 社の企業価値については
$V_U=E_U$ が成立する。他方，L 社は社債発行と株式発行を組み合わせて資金調
達を行っているため，L 社の企業価値は，社債の市場価値 D 円と株式資本の
市場価値 E_L 円の合計になる。したがって，L 社の企業価値については $V_L=D$
$+E_L$ が成立する。

　U 社と L 社は全く同じ事業活動を行い，毎年同じ金額の営業利益 X 円をあ
げていることから，完全な資本市場では両社の企業価値は等しくなるため，次
の(3)式と(4)式が成立する。

$$V_U = V_L \tag{3}$$

$$E_U = D + E_L \tag{4}$$

さて，完全な資本市場の下では同じキャッシュフローを生みだす二つの会社の企業価値は互いに等しくなるはずであるが，今何らかの理由で(3)式が成立していない場合に，何が起きるのかを考えてみよう。以下では，U 社の企業価値の方が L 社の企業価値よりも①大きいケース（$V_U > V_L$）と，②小さいケース（$V_U < V_L$）の二つに分けて考えてみる。

①　U 社の企業価値の方が L 社の企業価値よりも大きい（$V_U > V_L$）ケース

U 社の企業価値の方が L 社の企業価値よりも大きい（$V_U > V_L$）とする。この時，(4)式では $E_U > D + E_L$ となるため，株式市場において U 社の株式が割高に評価され，L 社の株式が割安に評価されている。ここで，次の二つの投資戦略を考えてみる。

投資戦略１：U 社の株式時価総額のθ（または100θ％）を買う。
投資戦略２：L 社の株式時価総額のθ（または100θ％）を買い，L 社の社債
　　　　　　総額のθ（または100θ％）を買う。

上記二つの投資戦略を実行するにあたり必要となる投資額と，そこから得られることが予想される期待収益の関係は，次頁**図表５－１**のように示される。

以下では，図表５－１を参照しながら説明を進める。まず，投資戦略１は，U 社の株式のみを買う単純な買い戦略である。U 社の株式時価総額 E_U 円のθを買うために必要な投資額はθE_U 円であるが，U 社は負債を持たないため企業価値が株式時価総額に等しくなる（$V_U = E_U$）ことから，必要投資額はθV_U円となる。また，投資戦略１から受け取ることが予想される期待収益は，U 社は無借金であるためすべての営業利益 X 円が株式の配当原資となることから，株式持分θに応じた配当金額θX 円になる。

次に，投資戦略２は，L 社の株式と社債を買う二つの投資戦略の組み合わせである。実は，この二つの戦略から作られるポートフォリオを用いて，投資戦

図表5－1　U社への株式投資と同じキャッシュフローを生む複製ポートフォリオ

戦略	内容	必要投資額	期待収益
投資戦略1	U社の株式時価総額のθを買い	$\theta E_U = \theta V_U$	θX
投資戦略2	L社の社債総額のθを買い L社の株式時価総額のθを買い	θD $\theta E_L = \theta (V_L - D)$	θrD $\theta (X - rD)$
	合計（複製ポートフォリオ）	θV_L	θX

略1のU社の株式への投資と全く同じキャッシュフローのパターンを複製することができる。以下でこの点を確認しよう。まず，L社の社債総額のθを買うためにはθD円の資金が必要である。次に，L社の株式時価総額のθを買うためにはθE_L円の資金が必要であるが，$E_L = V_L - D$となることに注意すると，投資に必要な資金は$\theta (V_L - D)$円となる。したがって，投資戦略2に必要な総投資額はθV_L円〔$= \theta D + \theta (V_L - D)$〕となる。他方，投資戦略2から受け取ることが予想される期待収益については，営業利益から利子を差し引いた金額$X - rD$円がL社の株式の配当原資となり，そこから株式時価総額の持ち分θに応じた配当金額$\theta (X - rD)$円を受け取ることに加えて，L社の社債総額に占める割合θに応じた利子θrD円を受け取れるため，両者を合計するとθX円〔$= \theta (X - rD) + \theta rD$〕となる。

　投資戦略1と投資戦略2を比較すると，二つの投資戦略から得られる期待収益は共にθX円で同じである。しかし，必要投資額を見ると，投資戦略1ではθV_U円，投資戦略2ではθV_L円となるが，U社の企業価値の方がL社の企業価値よりも大きい（$V_U > V_L$）と仮定したので，投資戦略2の方が投資戦略1よりも少ない投資額で同じ期待収益をあげることが可能になる。このような裁定機会が存在する限り，投資家は割高なU社の株式を空売りして得た資金でL社の社債と株式を買うという裁定取引を行うことで，無リスクで利益をあげること（フリーランチと呼ぶ）が可能となる。最終的に，裁定機会が消滅するまでU社の株価が下がりL社の株価が上がるという価格調整が起きる。完全な資本市場における均衡では，価格は瞬時に調整されるため裁定機会は存在せず，U社とL社の企業価値は等しくなることから，(3)式の$V_U = V_L$が成立する。

②　U社の企業価値の方がL社の企業価値よりも小さい（$V_U<V_L$）ケース

次に，上の①とは逆に，U社の企業価値の方がL社の企業価値よりも小さい（$V_U<V_L$）ケースを考えよう。この時，(4)式では$E_U<D+E_L$となるため，株式市場においてU社の株式が割安に評価され，L社の株式が割高に評価されている。なお，社債利子率と銀行借入利子率が同じrであると仮定する。ここで，次の二つの投資戦略を考えてみる。

投資戦略3：L社の株式時価総額のθを買う。

投資戦略4：U社の株式時価総額のθを買い，銀行からθD円を借り入れる。

上記2つの投資戦略を実行するにあたり必要となる投資額と，そこから得られることが予想される期待収益の関係は**図表5－2**のように示される。

以下では，図表5－2を参照して説明を進める。まず，投資戦略3では，L社の株式時価総額E_L円のθを買うために必要な投資額はθE_L円になるが，$V_L=D+E_L$に注意すると，必要投資額は$\theta(V_L-D)$円と表せる。また，投資戦略3から受け取ることが予想される期待収益は，L社にはD円の借金があることから営業利益から利払い費を差し引いた$X-rD$円が株式から得られる配当原資となり，そこから株式時価総額の持ち分θに応じた配当金額は$\theta(X-rD)$円となる。

次に，投資戦略4に必要な投資額は，U社の株式時価総額E_U円のθを買うために必要な投資額θE_U円の一部を銀行借入θD円で賄うことから自己資金による必要投資額は$\theta(E_U-D)$円になる。さらに，$V_U=E_U$より，必要投資額は$\theta(V_U-D)$円になる。一方で，投資戦略4から受け取ることが予想される期待収益は，U社は無借金であることからすべての営業利益X円が配当原資

図表5－2　L社への株式投資と同じキャッシュフローを生む複製ポートフォリオ

戦略	内容	必要投資額	期待収益
投資戦略3	L社の株式時価総額のθを買い	$\theta E_L=\theta(V_L-D)$	$\theta(X-rD)$
投資戦略4	U社の株式時価総額のθを買い 銀行からθD円を借入れ	$\theta E_U=\theta V_U$ $-\theta D$	θX $-r\theta D$
	合計（複製ポートフォリオ）	$\theta(V_U-D)$	$\theta(X-rD)$

となり，そこから株式時価総額の持ち分θに応じた配当金額θX円を受け取り，銀行借入利子$r\theta D$円を返済する。したがって，両者を合計すると期待収益は$\theta(X-rD)$円［$=\theta X-r\theta D$］となる。

投資戦略3と投資戦略4を比較すると，両投資戦略から得られる期待収益は共に$\theta(X-rD)$円で同じであるが，必要投資額が投資戦略3では$\theta(V_L-D)$円，投資戦略4では$\theta(V_U-D)$円となり互いに異なる。U社の企業価値の方がL社の企業価値よりも小さい（$V_U<V_L$）と仮定したので，投資戦略4の方がより少ない投資額で同じリターンをあげることができることになる。先ほどの①のケースと同様に，完全競争的な資本市場における市場均衡において瞬時に株価が調整され（U社の株価が上がりL社の株価が下がる），フリーランチの機会は消滅する。したがって，市場均衡では(3)式の$V_U=V_L$が成立し，U社とL社の企業価値は等しくなる。

(3)　資本構成の無関連性命題

(2)の中で詳しく説明したように，完全な資本市場において，法人税が存在せず，社債利子率と銀行借入利子率が同じであるという仮定の下では，予想される営業利益の水準が同じ企業の企業価値は資本構成と無関係になる。この結論はMM定理の第1命題として知られており，資本構成は企業価値に影響しないことから無関連性命題と呼ばれる[4]。

この無関連性命題について，**図表5－3**を用いて企業価値と負債・株式比率の関係から確認しておこう。図表5－3では縦軸に企業価値，横軸に負債・株式比率（D/E）をとっている。図中U点は縦軸上にあり，負債・株式比率が0の時の企業価値がV_Uであることを意味しており，U社に対応する。一方，図中L_1点とL_2点は，それぞれ負債・株式比率がD_1/E_{L1}とD_2/E_{L2}で資本構成が異なる別々の企業価値が共にV_Lであることを意味しており，L_1社とL_2社に対応する[5]。図中，U社の企業価値と，負債・資本比率の異なるL_1社とL_2社の企業価値は互いに等しくなり，$V_U=V_{L1}=V_{L2}$が成立している。さらに，様々な資本構成に対応するL社の企業価値を図に描くと，U点とL_1点およびL_2点を結ぶ水平線を描くことができる。

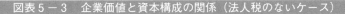

図表5－3　企業価値と資本構成の関係（法人税のないケース）

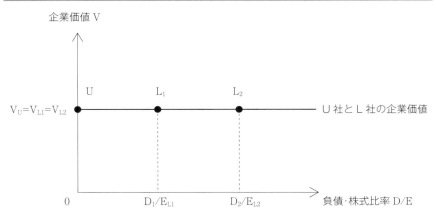

第3節　MM定理の修正と限界

　第2節では，完全な資本市場と幾つかの前提条件の下で，資本構成が企業価値に影響しないという無関連性命題を導くことができた。ここで，MM定理の説明を始める際に，完全な資本市場の条件として，法人税の存在，債務不履行リスク，情報の非対称性のいずれもが存在しない，と仮定したことを思い出してほしい。実は，完全な資本市場の三つの条件の内のいずれか一つでも満たされなくなるとMM定理は成立しなくなり，無関連性命題も修正されることになる。以下，完全な資本市場の仮定が満たされない場合にMM定理がどのように修正されるのかを説明する。

(1)　負債の節税効果

　まず，法人税が存在する時にMM定理が成立しなくなることを説明しよう。結論から先に述べると，法人税が存在する時には，負債の節税効果が働くことで，借金を増やしてレバレッジを上げるほど企業価値は高まるため，無関連性命題は成立しなくなる。そこで，以下では，第2節と同じモデルに法人税を導入した場合の企業価値と資本構成の関係について，先ほどと同様に，U社の企

業価値の方がL社の企業価値よりも①大きい（$V_U > V_L - tD$）ケースと，②小さいケース（$V_U < V_L - tD$）の二つに分けて考えてみよう。

①　U社の企業価値の方がL社の企業価値よりも大きい（$V_U > V_L - tD$）ケース

さて，今何らかの理由でU社の企業価値の方がL社の企業価値よりも大きい（$V_U > V_L - tD$）としよう。この時，次の二つの投資戦略を考えてみる。

投資戦略5：U社の株式時価総額のθを買う。

投資戦略6：L社の株式時価総額のθを買い，L社の社債総額の$\theta(1-t)$を買う。

　上記二つの投資戦略を実行するにあたり必要となる投資額と，そこから得られることが予想される期待収益の関係は**図表5－4**のように示される。

　以下では，図表5－4を参照しながら説明を進める。まず，投資戦略5はU社の株式の一部のみ買う戦略であり，図表5－1で説明した投資戦略1と同様に必要投資額はθV_U円となるが，配当原資である利益X円に対してtの法人税が課されるため，期待収益は$\theta(1-t)X$円となる点が異なる。次に，投資戦略6はL社の社債総額の$\theta(1-t)$を買う戦略であり，図表5－1で説明した投資戦略2とは社債の購入額が異なり，社債購入資金として$\theta(1-t)D$円が必要である。さらに，L社の株式時価総額のθを買うために必要な資金は$\theta(V_L-D)$円である。したがって，投資戦略6に必要な総投資額は$\theta(V_L-tD)$円 $[=\theta(1-t)D+\theta(V_L-D)]$ となる。一方，投資戦略6から受け取ることが予想される期待収益は，まずL社の社債総額の$\theta(1-t)$の保有分から生

図表5－4　U社への株式投資と同じキャッシュフローを生む複製ポートフォリオ（法人税のあるケース）

戦略	内容	必要投資額	期待収益
投資戦略5	U社の株式時価総額のθを買い	$\theta E_U = \theta V_U$	$\theta(1-t)X$
投資戦略6	L社の社債総額の$\theta(1-t)$を買い	$\theta(1-t)D$	$\theta(1-t)rD$
	L社の株式時価総額のθを買い	$\theta E_L = \theta(V_L-D)$	$\theta(1-t)(X-rD)$
	合計（複製ポートフォリオ）	$\theta(V_L-tD)$	$\theta(1-t)X$

じる利子$\theta(1-t)rD$円がある。さらに，L社の株式を買うことで，配当原資である利払い後利益$X-rD$円に対してtの法人税が課されるため，L社の株式時価総額のθにあたる$\theta(1-t)(X-rD)$円の配当を受け取れる。したがって，両者を合計すると，投資戦略6の期待収益は$\theta(1-t)X$円 $[=\theta(1-t)(X-rD)+\theta(1-t)rD]$ となる。

　投資戦略5と投資戦略6を比較すると，二つの投資戦略から得られる期待収益は共に$\theta(1-t)X$円で同じであるが，必要投資金額を見ると投資戦略5ではθV_U円，投資戦略6では$\theta(V_L-tD)$円となる。$V_U>V_L-tD$と仮定したので，$\theta V_U>\theta(V_L-tD)$が成り立つことから，投資戦略6の方が投資戦略5よりも少ない投資額で同じ期待収益をあげることが可能になる。このような裁定機会が存在する限り，投資家は割高なU社の株式を空売りして得た資金でL社の社債と株式を買うという裁定取引を行うため，裁定取引が起きなくなる市場均衡において(5)式が成立する。

$$V_U=V_L-tD \tag{5}$$

②　U社の企業価値の方がL社の企業価値よりも小さい（$V_U<V_L-tD$）ケース

　次に①とは逆に，U社の企業価値の方がL社の企業価値よりも小さい（$V_U<V_L-tD$）ケースを考えよう。ここで，次の二つの投資戦略を考えてみる。

投資戦略7：L社の株式時価総額のθを買う。
投資戦略8：U社の株式時価総額のθを買い，銀行から$\theta(1-t)D$円を借り入れる。

　上記二つの投資戦略を実行するにあたり必要となる投資額と，そこから得られることが予想される期待収益の関係は次頁**図表5−5**のように示される。

　以下では，図表5−5を参照して説明を進める。まず，投資戦略7は，L社の株式の一部のみを買う戦略であり，図表5−2で説明した投資戦略3と同じで必要投資額は$\theta(V_L-D)$円となるが，配当原資である利払い後利益$X-rD$円に対してtの法人税が課されるため，期待収益は$\theta(1-t)(X-rD)$円となる点が異なる。次に，投資戦略8では，銀行から$\theta(1-t)D$円の資金を利子

図表5－5　L社への株式投資と同じキャッシュフローを生む複製ポートフォリオ
（法人税のあるケース）

戦略	内容	必要投資額	期待収益
投資戦略7	L社の株式時価総額のθを買い	$\theta E_L = \theta\,(V_L - D)$	$\theta\,(1-t)\,(X - rD)$
投資戦略8	U社の株式時価総額のθを買い銀行から$\theta\,(1-t)$ D円を借入れ	$\theta E_U = \theta V_U$ $-\theta\,(1-t)\,D$	$\theta\,(1-t)\,X$ $-r\theta\,(1-t)\,D$
	合計（複製ポートフォリオ）	$\theta\,\{V_U - (1-t)\,D\}$	$\theta\,(1-t)\,(X - rD)$

率rで借入れ，借入れた資金の一部をU社の株式購入資金に充てる。ただし，ここでは社債利子率と銀行借入利子率は同じrであると仮定している点に注意する。図表5－2で説明した投資戦略4との違いは，投資戦略8では銀行借入総額が$\theta\,(1-t)$ D円になる点にある。U社の株式時価総額のθを買うために必要な資金はθV_U円となるので，投資戦略8に必要な純投資額は$\theta\,\{V_U - (1-t)\,D\}$円$[= \theta V_U - \theta\,(1-t)\,D]$となる。一方，投資戦略8から受け取ることが予想される期待収益は，まず，無借金のU社の株式を買うことで，配当原資である利益X円に対してtの法人税が課されるため，U社の株式時価総額のθにあたる$\theta\,(1-t)\,X$円の配当を受け取れる。さらに，銀行借入に対する利子費用$r\theta\,(1-t)$ D円を支払うため，両者を差し引くと投資戦略8の期待収益は$\theta\,(1-t)\,(X - rD)$円$[= \theta\,(1-t)\,X - r\theta\,(1-t)\,D]$となる。

　投資戦略7と投資戦略8を比較すると，二つの投資戦略から得られる期待収益は共に$\theta\,(1-t)\,(X - rD)$円で同じであるが，必要投資金額を見ると，投資戦略7では$\theta\,(V_L - D)$円，投資戦略8では$\theta\,\{V_U - (1-t)\,D\}$円となる。先に$V_U < V_L - tD$と仮定したので，$\theta\,(V_L - D) > \theta\,\{V_U - (1-t)\,D\}$（つまり$V_L > V_U + tD$）が成立するため，投資戦略8の方が投資戦略7よりも少ない投資額で同じ期待収益をあげることが可能である。このような裁定機会が存在する限り，投資家は割高なL社の株式を空売りして得た資金と銀行借入れを用いてU社の株式を買うという裁定取引を行うため，裁定取引が起きなくなる市場均衡において(6)式が成立する。

$$V_U = V_L - tD \tag{6}$$

③　法人税と企業価値の関係

　上で求めた(5)式と(6)式は事実上は同じ式になるので，(6)式の方を用いて負債の節税効果について説明しよう。(6)式は，借金のある L 社の企業価値 V_L 円は，無借金の U 社の企業価値 V_U 円を法人税率×借入総額にあたる tD 円だけ上回っていることを示している。これは，法人税の課税対象となる利益が，営業利益から負債の利払い額を引いた金額になるために法人税額が減ることから，負債の節税効果が働くために生じる。すなわち，負債が 1 円増えるごとに法人税の課税対象となる利益が 1 円ずつ減るため，負債 1 円当たり t 円の法人税支払いを節約できることから，負債総額 D 円に対して法人税を払わずに済む tD 円を配当原資に充てる分だけ L 社の企業価値が増加するのである。

　次に，負債の節税効果について，**図表 5 − 6** を用いて企業価値と負債・株式比率の関係を確認しておこう。話を簡単にするため以下では，U 社と L 社の株式時価総額 E_U 円と E_L 円を一定と仮定する。図表 5 − 6 を（法人税のないケースで説明した）図表 5 − 3 と比べると，無借金の U 社の企業価値は，法人税の節税効果が働かないため図表 5 − 3 と同じ縦軸上の U 点で V_U となる。なお図表 5 − 6 では，U 社の企業価値の水準（V_U 円）がわかるように縦軸上の U 点から右側へ水平の点線が描かれている。一方，借金のある L 社の企業

図表 5 − 6　企業価値と資本構成の関係（法人税のあるケース）：負債の節税効果

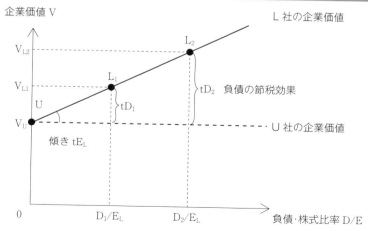

価値は，節税効果が働くことにより企業価値が tD 円だけ増加する。たとえば，図中 L_1 点では負債額が D_1 の時の企業価値が V_{L1} となり，これは U 社の企業価値 V_U を tD_1 だけ上回っている。同様に，L_2 点では負債額が D_2 の時の企業価値が V_{L2} となることを示している。図中，負債額が D_1 から D_2 へと大きくなり負債・株式比率が D_1/E_L から D_2/E_L へと上昇するほど，節税効果による企業価値の増加分が tD_1 から tD_2 へと増加し，企業価値が V_{L1} から V_{L2} へと増加することがわかる。さらに，負債額を自由に変化させると，任意の負債額 D_j の時の L 社の企業価値 V_{Lj} との関係は，縦軸の切片が U 点（水準 V_U）で傾きが tE_L 円の直線上に決まることがわかる。

(2)　債務不履行リスクと最適資本構成

　(1)で説明したように，モジリアーニとミラーは，法人税を導入することで負債の節税効果が働き MM 定理の無関連性命題は成立しなくなるという結論を導いた。この結論をそのまま受け入れると，無制限に負債を増やすことでいくらでも企業価値を上げることができることになってしまう。しかし，このような考え方は，負債の節税効果というメリットのみに注目し負債のデメリットを考慮しないために生じた解釈であり，節税効果のみに注目して負債発行を奨励するのはミスリーディングである。

　現実の経済で企業が資金調達を行う際には，借金が多い企業ほど格付けが下がり債務不履行リスクが高くなること，あるいは債権者と経営者との間や，債権者と株主との間で利害対立が生じることから，負債にも多くのデメリットがある。債権者と経営者および債権者と株主との間の利害対立の問題は次の第 4 節の中で説明することにして，以下では，MM 定理の前提である完全な資本市場の仮定の中の 2 番目にある信用リスクと債務不履行費用の存在という負債のデメリットを考慮することで，無関連性命題が成立しなくなり，負債・資本比率が企業価値に影響を及ぼすことを通じて最適な資本構成が導かれることを説明する。

　再度，(6)式を見てみよう。(6)式を導出する際には信用リスクが存在していないと仮定したが，信用リスクが存在する場合にはこの式はどのように修正されるであろうか。今，任意の企業 L_j 社には負債総額が D_j 円あり，毎期の営業利

益 X_j 円から負債の利払い rD_j 円を行っているとする。ただし，L_j 社の株式時価総額は，すべての企業間で同一かつ一定の水準 E_L になると仮定する。この企業の営業利益 X_j 円が（ある確率密度関数に従う）確率変数だとすると，確率変数である営業利益の実現値 x_j が返済に必要な利払い金額以下ならば，L_j 社は返済が困難となり倒産する（小文字 x_j は確率変数 X_j の実現値であることを意味する）。したがって，L_j 社が倒産する確率は Pr $(x_j < rD_j)$ と表せる[6]。

　仮に企業が倒産することになれば，取引先への損害，債権者との調整，さらに裁判や賠償のために多額の費用が必要になる。そこで，L_j 社が倒産する可能性がある時に予想される期待倒産費用関数を負債・株式比率の関数 C (D_j/E_L) と表し，負債額が大きくなるほど期待倒産費用が増加し，その増加分も上がると仮定する（限界期待費用は正かつ限界期待費用は逓増するという意味）[7]。したがって，債務不履行の可能性を考慮すると，負債の有無と企業価値の関係を示す(6)式に期待倒産費用が加わり，次の(7)式が得られる。

$$V_{Lj} = V_U + tD_j - C\left(\frac{D_j}{E_L}\right) \tag{7}$$

　E_L は一定であると仮定したので，(7)式を D_j で微分して 0 とおくと，(8)式が得られる。

$$t = \frac{1}{E_L} \times C'\left(\frac{D_j}{E_L}\right) \tag{8}$$

　(8)式は，D_j を1円上げる毎に，節税効果から t 円の限界収益が得られると同時に，債務不履行の可能性が高まり限界期待倒産費用 $(1/E_L) \times C'$ (D_j/E_L) 円を負担する必要があることを意味する。したがって，L_j 社の企業価値を最大にする最適な負債・資本水準 D_j/E_L は，(8)式が等号で成立する時，すなわち限界収益と限界期待倒産費用が等しくなる時の水準 $D_j{}^*/E_L$ 円に決まる。

　以上の議論について次頁**図表5－7**を用いて説明しよう。図中，点線の直線は図表5－6で描いた債務不履行がない場合のL社の企業価値と負債・株式比率の関係を表し，原点から右上がりで右側に行くほど傾きが急になっている点線の曲線が期待倒産費用を表している。負債を増やして負債・株式比率を上

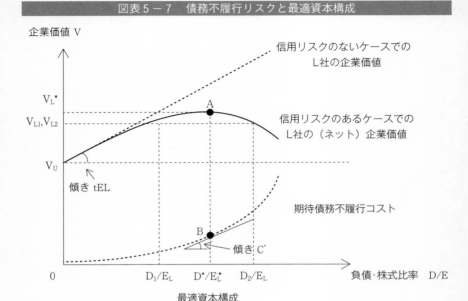

図表５－７　債務不履行リスクと最適資本構成

最適資本構成

げていくと，節税効果により一定大きさ（傾き tE_L）で企業価値が増加するが，限界期待倒産費用 C' (D_j/E_L) の増加分が次第に大きくなるので，節税効果によるプラス面と期待倒産費用の増加に伴うマイナス面を考慮したネットの企業価値は，図中の実線で表されるように凹関数となり，A 点で企業価値が最大になる。A 点から横軸に向かって垂直な線を引くと，その垂直線と横軸との交点が最適な負債・資本比率 D_j*/E_L に対応する。また，その垂直線と期待倒産費用関数が交差する点 B での期待倒産費用関数の傾きは，信用リスクのないケースでの L 社の企業価値の直線の傾きと等しくなっており，(8)式が成立していることが確認できる。

　以上まとめると，第３節では，完全な資本市場の仮定の１番目の法人税の存在と負債の節税効果を考慮すると MM 定理の無関連性命題は成立しなくなること，２番目の信用リスクの存在と債務不履行の可能性がある場合には最適な資本構成が存在することを説明した。

第4節　エージェンシー論と最適資本構成

　第4節では，完全な資本市場の仮定の3番目にある情報の非対称性が存在する場合にはやはり無関連性命題は成立せず，債権者と経営者との間や，債権者と株主との間で利害対立が起きることで，負債発行だけでなく株式発行にも費用がかかることから，両者の費用をバランスさせるような最適資本構成が存在することを説明する。

(1)　株式会社における依頼人・代理人関係

　株式会社の資産に関する所有権は株主資本を出資した株主が所有している。したがって，株主は，自らの出資比率に応じて，株主総会での議決権，会社の利益の一部を配当として受け取ることができる配当請求権や，会社清算時に債権者への返済後の残余資産を受け取る残余請求権を有している。株式会社の経営者は実質的に企業経営に携わっているが，株式会社の多くは複数の投資家から広く株主資本の出資を受けており，一部のオーナー経営者を除くと経営者の株式持ち分比率はわずかしかない。したがって，株式を公開している企業の多くでは，資本提供者と会社経営者を別々の人物が行っており「所有と経営の分離」が起きている。

　株式会社における株主と経営者の関係は，依頼人・代理人関係を用いて表現できる。依頼人のことをプリンシパル（Principal），代理人のことをエージェント（Agent）と呼ぶ。さらに，依頼人・代理人関係のことをプリンシパル・エージェント関係と呼ぶ。依頼人と代理人の間には，依頼人である株主から資本提供を受けた経営者が，株主に代わり経営を行う代理人を務めることで，株主資本から生み出される利益，すなわち株主資本利益率（ROE）を最大化することを目的に経営努力を行うという関係がある。さらに，株式会社に対する資本提供者は株主だけでなく，社債を購入した投資家や，企業に貸出を行った銀行などの負債資本提供者も存在するため，経営者と負債資本提供者の間にも依頼人・代理人関係が存在することになる。

　依頼人・代理人関係では，互いの利害が対立することでエージェンシー費用

（Agency Cost）が発生し，資源配分に非効率が生じる。とりわけ，第4章の第2節で説明した情報の非対称性の問題がエージェンシー費用の源泉になる。エージェンシー費用を削減し企業価値を高めるためには，企業の資本構成に加えて，企業資産の所有権の配分，企業組織内部の権限の配分，会計や法律のルールなどをいかに設計すべきかというコーポレート・ガバナンス（Corporate Governance）の問題が重要となる。

(2)　情報の非対称性とペッキング・オーダー理論

　ペッキング・オーダー（Pecking Order）理論によると，企業が新規投資の資金調達手段を選択する順番は，順位の高い方から，内部金融，銀行借入，社債，株式になる。いいかえれば，エージェンシー費用は，内部資金が最も小さく，次に銀行借入，社債，株式の順番で大きくなると考えられる。したがって，企業が新規投資に必要な資金を調達する順序は，まず内部資金で調達し，不足資本があれば銀行借入で調達し，それでも不足資本があれば株式で調達することをこの理論は主張している。ペッキング・オーダー理論の背後にある考え方は，資本を必要とする企業経営者と資本提供者の間に存在する情報の非対称性や契約の不完備性から発生するエージェンシー費用を資本コストと捉えている点にある。以下，各資金調達手段のエージェンシー費用を説明し，ペッキング・オーダー理論の意味を考えてみよう。

　まず，内部資金については企業が自分で保有する資金を用いることから，資本提供者＝経営者となり情報の非対称性が存在しないため，そもそもエージェンシー費用はかからない。

　次に，銀行借入であるが，外部資金の中では銀行借入のエージェンシー費用が最も低いと考えられる。その理由は以下の三つある。第一の理由は，貸し手である銀行は，借り手企業による返済が滞らない限り，経営監視（Monitoring）を強化し，財務のリストラクチャリングや役員派遣などの直接的な経営介入を実施しない。つまり，銀行借入では，株式市場のように常に経営監視を行う必要がなく，実際に債務不履行が発生した時点で経営監視が行われるため，経営監視費用（Monitoring Cost）をある程度節約できる。第二の理由は，銀行借入は，借り手企業と貸し手銀行との間の相対取引かつ長期的取引であるという特徴が

あることから，銀行が保有している借り手企業に関する情報量が多いだけでな
く，情報の正確さや情報の質が保証されるため，他の外部資金調達手段よりも
エージェンシー費用が小さくなると考えられるためである。第三の理由は，借
り手企業の経営監視は，預金者に経営監視を委託された「委託された監視者」
であるメインバンクを中心として行われるため，複数の貸し手がそれぞれ同じ
借り手企業を監視する場合に生じる「経営監視費用の重複」を避けることがで
きるためである。

　さらに，銀行借入と同じ負債性資本である社債や，株主資本である株式につ
いてはどうであろうか。以下の三つの理由から，社債や株式のエージェンシー
費用の方が銀行借入よりも大きくなると考えられる。第一に，社債や株式は発
行市場だけでなく流通市場も存在することから，社債の市場価格（利回り）や
株価は日々変動しているため，常に市場価格をチェックする必要があるため情
報収集コストが大きくなる。たとえば，社債の場合には格付けを行うための費
用が必要となり，株式の場合には証券アナリストによるレーティングに費用が
必要となる。第二に，社債や株式は不特定多数の投資家に販売されるため，企
業経営者と投資家の間の情報の非対称性の程度が大きくなることが考えられ
る。社債の場合には，社債を発行する企業とは独立した第三者である格付機関
が財務調査を行うため，情報の正確さや質に関する保証が不十分になる。さら
に，社債や株式は投資家がいつでも流通市場で売却できることから，銀行借入
のような長期的取引からのメリットを享受することができない。第三に，社債
や株式は不特定多数の投資家に販売されるため，投資家毎に経営監視費用を負
担する必要があるため，経営監視費用の重複の問題が起きる。さらに，社債の
場合に債務不履行が起きると，債務減免や債権放棄などの交渉の際に不特定多
数の債権者間での協議と調整に多額の費用を要することから，銀行借入よりも
社債のエージェンシー費用の方がより大きくなると考えられる。

　最後に，社債と株式の優先順位については，株式よりも社債が優先される。
その理由は，社債は株式ほど値動きが激しくないこと，格付機関による格付け
が変更される頻度が少ないこと，債務不履行時にのみ債権者の経営介入が起き
るのに対して，株式では日々の市場価格の動きだけでなく，株主総会や企業買
収の可能性など経営権市場においても常時監視されているため，社債よりも経

営監視費用が大きくなること，などが考えられる。また，転換社債などの社債と株式の中間的な性質のある資本のエージェンシー費用は，社債と株式のそれぞれのエージェンシー費用の中間にあることから，ペッキング・オーダー論における順位も，負債と株式の中間（負債＞転換社債＞株式）になる。

(3)　エージェンシー費用と最適資本構成

　ペッキング・オーダー理論では，資本提供者（依頼人）と企業経営者（代理人）の間で，内部資金，銀行借入，株式という資本の種類別に生じる情報の非対称性の違いに着目して資本調達の順序が決められていた。この理論では，内部資金のエージェンシー費用はゼロであると説明したが，現実には内部資金をある新規投資に用いることで，その他の投資機会が実行されなくなることから生じる機会費用が存在するため，内部資金の資本コストはゼロではない。

　さらに，経営者が自由に使用できるフリー・キャッシュフローを多く持つことで，本来企業価値を上げるために使われるべき資金の一部が，経営者の個人的利益（不必要な出費など）のために使われることで企業価値が損なわれてしまう可能性がある。このような場合，企業が負債や株式を発行し，外部の資本提供者に対して利子や配当の形で内部資金の一部を還元することで，フリー・

図表 5 － 8　エージェンシー費用と最適資本構成

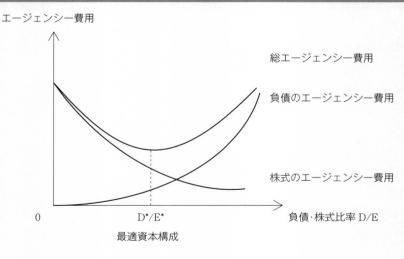

キャッフローの量を減らすことができる。したがって，外部資金調達には，経営者に対してモラルハザードを起こさせないよう規律付けるインセンティブ効果が期待できる[8]。

　以上で説明したように，外部資金調達手段の間には，情報の非対称性から生じる経営監視費用の違いや，契約の不完備性から生じる債務不履行時の調整費用の違いなど，様々なエージェンシー費用が関わりあっている。したがって，企業の財務担当者は，様々なエージェンシー費用を合計した総エージェンシー費用を最小にするように最適な資本構成を決定しなければならない。**図表5-8**を用いてこの点を説明しよう。図表5-8の縦軸にはエージェンシー費用，横軸には負債・資本比率をとっている。図中，負債・資本比率が右側に行くほど，企業の資本構成に占める負債の比率が増加するため負債のエージェンシー費用が増加し，株式の比率が減少するため株式のエージェンシー費用は減少する。負債と株式で資金調達を行う企業が負担する総エージェンシー費用は，図のようなU字型の形状をした関数になる。したがって，この図は，U字型の関数の最小点に対応する負債・資本比率が，企業の財務担当者が選ぶべき最適資本構成であることを示している。

【注】

(1)　この命題は，MM定理の第1命題と呼ばれている。

(2)　本文で用いるMM定理の説明は，本章の参考文献にあるブリーリー・マイヤース（2003）の第17章・第18章および大村（2010）の第14章を参考にしている。

(3)　ある会社の株式資本の市場価値は，株価×発行済み株式枚数である株式時価総額で表される。

(4)　さらに，MM定理の第2命題では，資本構成は株式収益率に影響せず，加重平均資本コストは常に一定になることが示される。

(5)　ただし，負債水準 D_i に応じて株式時価総額 E_{Li} は異なるが（$i=1,2$），$D_1+E_{L1}=D_2+E_{L2}$ となる点に注意する。

(6)　Prは確率（Probability）を意味する記号である。なお，本文中では，負債の利払い分 rD_j 円の返済が滞る時点でデフォルトが発生したと考えている。もちろん，元本部分の返済を考慮して $x_j<(1+r)D_j$ となった時点でデフォルトが発生したと考えても，本文の内容は変わらない。

(7)　単純化して倒産1件あたりの倒産費用は $c(D_j)$ 円で，倒産費用は負債額の増加関数になると仮定すると，期待倒産費用は $C(D_j)=Pr(x_j<rD_j)\times c(D_j)$ 円となる。

(8)　これは，ジェンセン（Jensen）のフリー・キャッシュフロー仮説と呼ばれる。

＜参考文献＞

井手正介，高橋文郎（2009）『ビジネス・ゼミナール経営財務入門（第 4 版)』日本
　経済新聞出版社。

大村敬一（2010）『ファイナンス論　入門から応用まで』有斐閣。

リチャード・ブリーリー，スチュワート・マイヤーズ（2003）『コーポレートファイ
　ナンス（第 6 版）上』（藤井眞理子，国枝繁樹訳）日経 BP 社。

金融資産価格の決定

　証券価格は絶えず変動し，将来の価格は不確実である。投資家は，証券投資を行うとき，この不確実性に直面し，期待収益とリスクを考慮し意思決定しなければならない。投資家の行動は，リスクに対する選好度（許容度）に応じて変化する。危険回避的であれば安全資産を選好し，危険回避の度合いが低下するほどリスク資産への投資は増加する。したがって，証券価格は企業の経常利益等に代表される経営実績だけでなく，投資家のリスク選好度にも依存して変化する。

　本章では，投資家のリスク選好度を類別し，各々の投資行動の特徴を明らかにする。また，そのリスク選好度によって，具体的に株価が株式市場においてどのように決定されるのかを説明する。企業の経営実績という客観的な指標と，投資家のリスクに対する主観的な要因が，証券価格にいかに影響を及ぼすかを明らかにする。

Key Words

危険回避者　不確実性　リスク選好度　期待効用　リスク・プレミアム　裁定取引　配当割引モデル　現在価値　効率的市場仮説

第1節 リスクとリターン

(1) 期待効用とリスク選好度

① 期待効用

　通常，株式や債券への投資は，将来得られる収益率を現時点で確定させることはできないという意味において，投資家は不確実性に直面している。投資家は，たとえば株式の将来期待価格と現在の購入価格を比べ，前者が高ければ株式を購入しようとする。しかし，将来株式を売却するとき，いくらで売却できるかは不確実である。このように将来の証券価格は不確実であり，価格変動リスクがある金融資産を危険資産という。ただし，その起こり得る状態についての確率分布は知られているとする。反対に，収益率が一定で価値が確定している金融資産は，リスクがゼロという意味において安全資産という。ここでは投資家は最適な資産選択として，危険資産と安全資産をどのように組み合わせて投資を行うべきかを考察する[1]。

　不確実性下の世界では，有価証券への投資から得られる収益およびそのリスクに対する評価は，各投資家によって異なる。例えば，ローリスク・ローリターンを望む投資家もいれば，ハイリスク・ハイリターンを望む投資家もいる。これは各投資家において，有価証券を保有することから得られる主観的な満足度が異なっているためである。このことを明らかにするために以下の効用関数を用いて説明する。

　証券の価値を W，その価値から得られる効用水準を U（Utility）とすると，両者の関係は次のように表される。

$$U = U(W) \tag{1}$$

　いま，投資家は資金 W_0 を保有しているとする。議論の簡単化のために，この資金の1期間の使い方は次の二通りのみとする。第一のケースは，将来に備え全額現金のまま保有することであり，第二のケースは価格変動リスクのある証券への全額投資である。現在の証券価格は W_0 であり，証券投資した場合，50％の確率で証券価格は上昇し $W_0 + h$ となるが，残り50％の確率で低下し W_0

$-h$ になるとする。

　この場合，代表的な安全資産である現金で保有する場合，次期の保有資産の期待値は W_0 で確定している。したがって，資産を安全資産である貨幣で保有した場合の効用水準は，$U=U（W_0）$ となる。

　一方，危険資産である証券投資から得られる1期後の期待値はこの場合，以下のように W_0 と等しくなる（なお(2)式の左辺は，W_1 の期待値（Expectation）を表す）。

$$EW_1 = \frac{1}{2}(W_0 + h) + \frac{1}{2}(W_0 - h) = W_0 \tag{2}$$

　本ケースでは現金で保有する場合と証券投資する場合，次期の期待値が等しいことがわかる。しかし前者は現時点で次期の資産価値を確定できるが，後者は現時点では不確実である。この二つの資金の使い方を比較すると投資家の中には，前者の現金で保有する方を好む人もいれば，後者の資産価値が変動する方を好む人もいる。安全志向が強く価格変動に伴うリスクを嫌い，現金等の安全資産への投資を選好する投資家を危険回避者（Risk Averter）という。反対に，資産価格変動のリスクがある証券投資を選好する投資家を危険愛好者（Risk Lover）という。

　投資家が，危険回避者か危険愛好者であるかをみるためには，期待値のみで判断することはできず，保有する金融資産から得られる期待効用水準を比べて判断しなければならない。証券投資した場合の期待効用は次のように表すことができる。

$$EU（W_1） = \frac{1}{2}U（W_0 + h） + \frac{1}{2}U（W_0 - h） \tag{3}$$

　一方，危険回避者の場合，保有資金を証券へ投資するよりも価格変動リスクのない現金で保有するほうを選好する。これは，安全資産である現金を保有することによって得られる効用水準（$U（W_0）$）が，証券投資を行った場合に得られる期待効用水準（(3)式）を上回っていると換言できる。これらのことから次の式が成立する。

$$U\ (W_0)>\frac{1}{2}U\ (W_0+h)+\frac{1}{2}U\ (W_0-h) \tag{4}$$

(4)式の左辺は，保有資金 W_0 を現金で保有した場合に得られる期待効用である。初期の資産をすべて現金で保有した場合，1期後の期待値（W_1）は W_0 で確定している[2]。したがって現金保有した場合に得られる効用水準は，

$$EU\ (W_1)\ =U\ (W_0)$$

となる。一方，(4)式の右辺は，(3)式に示されているように証券へ投資した場合に得られる期待効用 $EU\ (W_1)$ である。この場合，左辺で示される現金保有から得られる効用水準が，右辺で示される証券投資から得られる期待効用水準を上回っているので，投資家は安全資産である現金保有を選好することになる。

同様に，危険愛好者の場合では次の式が成立する。

$$U\ (W_0)<\frac{1}{2}U\ (W_0+h)+\frac{1}{2}U\ (W_0-h) \tag{5}$$

上式において，左辺の現金保有から得られる効用水準よりも，証券投資から得られる期待効用水準が上回っているので，投資家は証券投資を選好する。このように将来の利得が不確実な証券投資を選好するということは，証券投資することから得られる期待効用水準が，(5)式のように安全資産である現金を保有することから得られる効用水準を上回っているからである。

また，投資判断を期待値のみで判断する投資家を危険中立者（Risk Neutral）という。この場合，次の式が成立する。

$$U\ (W_0)=\frac{1}{2}U\ (W_0+h)+\frac{1}{2}U\ (W_0-h) \tag{6}$$

現金保有と証券投資の選好が等しいということは，得られる効用水準が等しいのでどちらの投資行動をとっても構わないということを意味する。このようにリスクに対するタイプは，以上の三つに分類することができる。

② 期待効用関数の形状

　ここでは，先に示した三つに分類される投資家の効用関数は，どのような形状をしているのかを図を用いて確認する。まず危険回避者の効用曲線は，**図表6−1**のような曲線として表すことができる。

　初期資産を現金で保有した場合の1期後の期待値は，W_0のままで確定している。このときの効用水準は，A点の高さで示され$U(W_0)$となる（ケース1）。危険資産である証券へ投資した場合，50％の確率で証券価格はW_0+hに上昇するため，W_0+hの資産から得られる効用水準はB点の高さ$U(W_0+h)$となる。一方，50％の確率で証券価格はW_0-hに低下するため，そのときの効用水準はC点の高さ$U(W_0+h)$となる。この証券投資から得られる期待効用（EU）水準は，注意を要するが，図表6−1のB点とC点を結んだ線分BC上になければならない。このとき期待効用は，(3)式で示されているように，

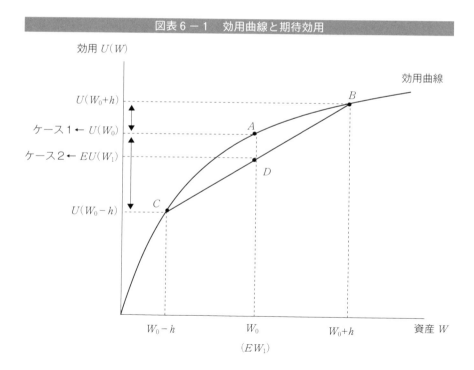

図表6−1　効用曲線と期待効用

$$EU\ (W_1) = \frac{1}{2}U\ (W_0 + h) + \frac{1}{2}U\ (W_0 - h)$$

であり，B 点と C 点の高さの水準に関する線形結合として導出される（ケース 2 ）。したがって，証券価格が上昇する確率と低下する確率が50％で等しいので，期待効用は線分 BC 上の中点 D 点の水準となる[3]。このとき D 点における横軸の資産の大きさは，証券投資した場合の期待値と等しくなっていることが確認できる。

　このように，現金で保有した場合と証券投資した場合では，期待値はともに W_0（＝EW_1）で等しいが，それから得られる期待効用の水準は縦軸の差で表されるように異なっている。現金のままで保有することによって得られる効用水準（A 点）の方が，証券投資をした場合の期待効用水準（D 点）を上回っている。したがって，効用曲線が図表 6 - 1 のような形状をしていれば，投資家は危険回避者であり，同時に先に示した(4)式も成立していることになる。

　(4)式の左辺が図表 6 - 1 の A 点の高さで表される $U\ (W_0)$ であり，右辺が D 点の高さで表される $EU\ (W_1) = \frac{1}{2}U\ (W_0 + h) + \frac{1}{2}U\ (W_0 - h)$ である。このように，現資産を現金で保有しても証券投資しても将来の期待値は等しいが，それから得られる期待効用は前者の方が後者よりも大きいので，リスクのない現金で資産を保有しようとする危険回避者の効用曲線の形状は図表 6 - 1 のようになると理解できる。

　図表 6 - 1 の効用関数の形状が，危険回避者を表す理由は，次のように別の手法からも確認することができる。(4)式を書き換えれば，次のように表すことができる。

$$U\ (W_0 + h) - U\ (W_0) < U\ (W_0) - U\ (W_0 - h) \tag{7}$$

　上式の左辺は，証券価格が W_0 から h だけ上昇した場合の効用水準の増加分を示し，右辺は反対に証券価格が W_0 から h だけ低下した場合の効用水準の減少分を示している。これを図表 6 - 1 でみれば，左辺は B 点と A 点の高さの差，右辺は A 点と C 点の高さの差を表し，前者が後者を下回っていることは明ら

場の間で裁定取引（Arbitrage Transaction）の均衡が成立している状態を表す。配当割引モデルは，この(14)式が成立していることを条件にして以下のように展開される。

(2)　配当割引モデルの導出

　金融市場が均衡している状態を表す(14)式を，P_0について解くと次のよう書き換えることができる。

$$P_0 = \frac{D_1 + P_1}{1 + r} \tag{17}$$

　現在の株価P_0は，1年後の予想配当水準D_1と予想株価P_1，および安全資産の確定収益率（利子率）に依存する。(17)式より，D_1とP_1の期待値が上昇すれば，P_0も上昇することがわかる。これは，期待値D_1とP_1が上昇すれば，株式の期待収益率も上昇するため，現段階から株式需要が増加し，それに伴い株価P_0が上昇するからである。また，安全資産の確定した収益率が上昇すればP_0は低下する。これは，国債等の安全資産への需要が増加するため，その反対に株式が売却されるからである。

　(17)式の関係を，1期後にずらして示せば，

$$P_1 = \frac{D_2 + P_2}{1 + r} \tag{18}$$

となる。(18)式は，第1期と第2期の間で成立する市場の均衡条件である（PとDの右下添え字が1期繰り上がる。rは将来にわたって一定なので，右下添え字として時期を特定する必要はない）。この(18)式を，(17)式右辺の分子にあるP_1に代入すれば，

$$P_0 = \frac{D_1 + \frac{D_2 + P_2}{1 + r}}{1 + r} = \frac{D_1}{1 + r} + \frac{D_2}{(1 + r)^2} + \frac{P_2}{(1 + r)^2} \tag{19}$$

となる。現在の株価P_0は，1期後と2期後の期待配当水準（D_1とD_2）と2期

後の期待株価 P_2, および安全資産の収益率 r に依存すると拡張させることができる。これを繰り返し行っていけば、現在の株価 P_0 は、次のように表すことができる[7]。

$$P_0 = \frac{D_1}{1+r} + \frac{D_2}{(1+r)^2} + \frac{D_3}{(1+r)^3} + \cdots + \frac{D_n}{(1+r)^n} + \frac{P_n}{(1+r)^n} \qquad (20)$$

ここで、次のように最終項の P_n が、無限期間後に発散しないと仮定する[8]。

$$\lim_{n \to \infty} \frac{P_n}{(1+r)^n} = 0 \qquad (21)$$

また、簡単化のため毎期の期待配当水準を D $(D = D_1 = D_2 = \cdots = D_n)$ で一定と仮定すれば、(20)式は次のようになる。

$$P_0 = \frac{D}{1+r} + \frac{D}{(1+r)^2} + \frac{D}{(1+r)^3} + \cdots + \frac{D}{(1+r)^\infty} \qquad (22)$$

このように金融市場の均衡が成立している場合、最終的に現在の株価 P_0 は将来の期待配当水準の現在割引価値を合計したものと等しくなる。これを配当割引モデル（DDM, Dividend Discount Model）といい、理論的な株価導出のための基礎となっている。

この式は、当該企業が永続し株式の流通市場が存在していれば、個々の投資家の株式保有期間は何期間であっても成立する。株式が売却されても、その購入者は、やはり金融市場の均衡条件式（(14)式または(17)式）にしたがって投資行動をするからである。また(22)式において、現在の株価を導出するのに将来の株価が考慮されていないと理解するのは誤りである。これは、導出過程で確認したように、将来の期待株価はモデルの中で実際に展開されている。このとき将来の期待株価自身が、それ以降の配当水準に依存しているため、最終的に(22)式に表れてこないだけである。

なお(22)式の右辺は、初項 $(D/(1+r))$、公比 $(1/(1+r))$ の等比数列にしたがっているので、その合計値は以下のように書き換えることができる。

$$P_0 = \frac{初項}{1-公比} = \frac{\left(\dfrac{D}{1+r}\right)}{\left(1-\dfrac{1}{1+r}\right)} = \frac{\left(\dfrac{D}{1+r}\right)}{\left(\dfrac{1+r-1}{1+r}\right)} = \frac{D}{r} \tag{23}$$

　将来にわたって配当水準が D で一定の場合，株価の理論値は(23)式から導出することができる[9]。なお安全資産の収益率 r は，ここでは割引率ともいう。

　仮に企業の配当水準 D を100円で一定，r を0.1（10%）とすれば，配当割引モデルによる株価の理論値は次のように1,000円となる。

$$P_0 = \frac{100}{0.1} = 1,000$$

　このように配当割引モデルにおいて，株主にとってのキャッシュフローとなる配当水準と割引率の大きさが，現在の株価水準を決定することになる。

(3)　経済成長と株価

　先のケースでは，将来にわたって期待配当水準が D で一定と仮定したが，次にこの期待配当水準が増加するケースを考える。期待配当水準は，次のように一定比率 g で上昇していくと仮定する（ただし，$r>g$）。したがって，次の式が成立する。

$$D_2 = (1+g)\ D_1 \tag{24}$$

　これを応用させれば，

$$D_3 = (1+g)\ D_2 = (1+g)^2 D_1 \tag{25}$$

となる。(24)式と(25)式を各々，(20)式右辺の第2項と第3項に代入し，以降の項についても上と同じプロセスを繰り返せば，(20)式は，

$$P_0 = \frac{D_1}{1+r} + \frac{(1+g)D_1}{(1+r)^2} + \frac{(1+g)^2 D_1}{(1+r)^3} + \cdots + \frac{(1+g)^{n-1}D_1}{(1+r)^n} \tag{26}$$

と書き換えられる（(21)式も同様に成立しているとする）。(26)式の右辺は，初項

$(D_1/(1+r))$，公比（$(1+g)/(1+r)$）の等比数列にしたがっているので，$n=\infty$のときの合計値は，

$$P_0 = \frac{\text{初項}}{1-\text{公比}} = \frac{\left(\dfrac{D_1}{1+r}\right)}{\left(1-\dfrac{1+g}{1+r}\right)} = \frac{\left(\dfrac{D_1}{1+r}\right)}{\left(\dfrac{1+r-1-g}{1+r}\right)} = \frac{D_1}{r-g} \tag{27}$$

となる。(23)式の配当割引モデルとの相違点は，期待配当成長率 g が分母につけ加えられていることである。(27)式より，g が上昇すれば，現在の株価 P_0 は上昇する。$D_1 = 100$円，$r = 0.1$（10％），$g = 0.05$（5％）とおけば，理論株価は，

$$P_0 = \frac{100}{0.1 - 0.05} = \frac{100}{0.05} = 2,000$$

となる。企業活動の結果として生まれる配当水準の成長率が高くなるほど，現在の株価は上昇する。

第4節　リスク・プレミアムと株価

(1)　危険回避度と株価

　次に市場に参加している投資家が，危険回避者である場合について検討する。危険回避者は，期待値が同じならリスクの小さい方の資産を選択する。株式投資には，価格変動リスクがあり予想自体を誤るリスクもある。したがって危険回避者は危険資産へ投資する場合，第1節で確認したように，安全資産の収益率を上回るリスク・プレミアムを要求する。このため金融市場の均衡を表す式は，先の(14)式から次のように書き換えられる。

$$r + R = \frac{D_1 + (P_1 - P_0)}{P_0} \tag{28}$$

　(14)式との相違点は，(28)式では左辺にリスク・プレミアム R がつけ加わっていることである。(28)式では，リスク・プレミアムの分だけ，安全資産の収益率 r が右辺の株式の期待収益率を下回っても，リスクのない安全資産を選好しよ

うとする危険回避者の投資態度が示されている。投資家が，株式に投資してリスクをとる許容度が小さくなるほど，リスク・プレミアム R は上昇する。換言すれば，投資家がリスクをとろうとする意欲が小さくなるほど，株式投資の期待収益率がよほど大きくならない限り，安全資産の方を保有しようとすることを意味する。

　このケースにおいても，配当割引モデルによる理論価格を導出するには，前節と同じプロセスを経て求めることができる。

⑳式を P_0 について解けば，

$$P_0 = \frac{D_1 + P_1}{1 + r + R} \tag{29}$$

となる。この段階で，リスク・プレミアム R の上昇は，現在の株価 P_0 を低下させる要因になっていることがわかる。R が上昇すれば，安全資産への需要が増え，株式が売却されるため株価が低下するからである。⑳式を1期後にずらせば，

$$P_1 = \frac{D_2 + P_2}{1 + r + R} \tag{30}$$

と表すことができる。この⑳式を⑳式に代入すれば，

$$P_0 = \frac{D_1 + P_1}{1 + r + R} = \frac{D_1 + \dfrac{D_2 + P_2}{1 + r + R}}{1 + r + R} = \frac{D_1}{1 + r + R} + \frac{D_2}{(1 + r + R)^2} + \frac{P_2}{(1 + r + R)^2} \tag{31}$$

となる。このプロセスを繰り返せば，次の式が得られる。

$$P_0 = \frac{D_1}{1 + r + R} + \frac{D_2}{(1 + r + R)^2} + \frac{D_3}{(1 + r + R)^3} + \cdots + \frac{D_n}{(1 + r + R)^n}$$
$$+ \frac{P_n}{(1 + r + R)^n} \tag{32}$$

　ここで前節と同様に，期待配当水準は将来にわたって D で等しいと仮定す

る（$D = D_1 = D_2 = \cdots = D_n$）。また(32)式の最終項は，次のようにゼロに収束すると仮定する。

$$\lim_{n \to \infty} \frac{P_n}{(1+r+R)^n} = 0 \tag{33}$$

これらの2つの仮定より，(32)式は次のように表される。

$$P_0 = \frac{D}{1+r+R} + \frac{D}{(1+r+R)^2} + \frac{D}{(1+r+R)^3} + \cdots + \frac{D}{(1+r+R)^\infty} \tag{34}$$

　ここでも，現在株価 P_0 の理論値は将来の配当の現在割引価値を合計したものとして示すことができる。割引率にリスク・プレミアム R がつけ加わっていることが前節の配当割引モデルとの相違点である。

　(34)式の右辺は，初項（$D/(1+r+R)$），公比（$1/(1+r+R)$）の等比数列にしたがっているので，その合計値は，

$$P_0 = \frac{初項}{1-公比} = \frac{\left(\dfrac{D}{1+r+R}\right)}{\left(1 - \dfrac{1}{1+r+R}\right)} = \frac{\left(\dfrac{D_1}{1+r+R}\right)}{\left(\dfrac{1+r+R-1}{1+r+R}\right)} = \frac{D_1}{r+R} \tag{35}$$

となる。リスク・プレミアムが上昇すれば，理論株価は低下することがわかる（これは，1990年代後半から2000年代初めの不況期，および，2008年のリーマンショック後の日本経済において顕著にみられた現象である）。

　ここで，$D_1 = 100$円，$r = 0.1$（10%），$R = 0.025$（2.5%）とおけば，理論株価は，

$$P_0 = \frac{100}{0.1+0.025} = \frac{100}{0.125} = 800$$

となる。このように，株価は配当等で表される企業のファンダメンタルズ（経済の基礎的諸条件，Fundamentals）な部分とリスク選好度に依存する。仮に，ファンダメンタルズが一定であっても，投資家のリスク選好度が低く，危険回避的であればあるほど株価は低下することを理解できる。なぜなら，このとき

リスク・プレミアム R の水準が高くなるためである。

　反対に，将来の期待配当流列が低く，企業のファンダメンタルズが弱くても，投資家のリスク選好度が高ければ，株価を上昇させる要因となる。このとき，リスク・プレミアム R の水準は低いためである。

　このことからも，株価の決定には企業活動から得られる期待収益や配当等のファンダメンタルズだけでなく，投資家のリスク選好度（許容度）や将来の期待形成に大きく左右されることが確認できる。

(2)　市場の効率性

　このような配当割引モデルが成立する前提条件として，株価情報や配当等の企業情報がすべて市場参加者で共有され，それらの情報の変化があれば金融市場で瞬時に調整される必要がある。このような条件が満たされる市場のことを，効率的市場（Efficient Market）という。効率的市場としての条件が満たされているか否かによって，配当割引モデルの現実的妥当性の評価は異なってくる。

　ここでは，株価の変動に関してファーマ（Fama）によって展開された効率的市場仮説について説明する。ファーマは，株式価格がすべての情報を瞬時かつ十分に反映している市場を効率的市場と名付けている。彼は，完全競争が成立する理想的な市場では，価格が資金配分の正確なシグナルとして機能することを明らかにした。

　市場が利用可能なすべての情報を正しく反映すれば，過去および現在の情報を価格がすべて正しく反映しているということを意味する。したがって将来起こりうる価格の変化は，現在入手することのできない新しい情報によってのみ引き起こされることになる。新しい情報は，ランダムに発生すると考えられるので，市場が効率的であれば，価格変化もランダムにならなければならない。このことをランダム・ウォーク（Random Walk）仮説という。

　したがって，効率的市場仮説が満たされている場合，市場に利用可能な情報をすべて反映して証券価格あるいは投資収益率が決まるということになる。このことは，投資家はすでに利用可能になっている情報を用い，証券を新規に購入したりポートフォリオの組替えを行ったりしても，それから得られる収益率は平均収益率以上にはならないことを示唆している。これは，フェアー・ゲー

ム（Fair Game）の状態にあるという。つまり，株式市場においてインサイダー取引や株価操縦等の不公正な取引が行われず，市場参加者はすべての情報を共有していることが配当割引モデルが成立するための必要条件である。

【注】

(1)　本章では，常に危険資産の確率分布はある一定の下で知られているとする。この場合，投資家は不確実性に直面しているという。これに対して，危険資産の確率分布自体を予想できない場合，投資家は根本的不確実性に直面しているという。また，安全資産として代表的なものは，現金，預金，国債等があげられるが，インフレーションによりその実質価値は可変的であるため，厳密には価格変動リスクを伴っている。

(2)　現金で保有した場合，1期後の期待値 EW_1 は W_0 と確定しているので，期待効用は $U(W_0)$ と等しい。したがって，この場合，期待値オペレーションを表す E を捨象できる。

(3)　D 点は，直線 BC を 1：1 の比率で内分した点と言い換えることもできる。

(4)　危険回避者の場合，図表 6 - 3 の期待効用曲線から明らかなように，1階微分は正，2階微分は負とならなければならない。すなわち，限界効用は正で逓減する必要があり，(9)式はこれを満たしている。なぜなら，

$$EU(W) = \sqrt{W} = W^{\frac{1}{2}}$$

より，

$$dEU(W)/dW = \frac{1}{2} W^{-\frac{1}{2}} > 0, \quad d^2 EU(W)/dW^2 = -\frac{1}{4} W^{-\frac{3}{2}} < 0$$

が成立するからである。

(5)　第 0 期の期末から第 1 期の期首への移行は瞬時であるため，事実上，現時点からみれば 1 年後となるが，まず期末に配当 D_0 が支払われ，その後瞬時に次期の期首に移り株価 P_1 が成立する。P_1 は，配当権利落ち株価ということができる。

(6)　第 1 節で説明したように，危険中立者は不確実性下における株価変動のリスクには関心がない。したがって，投資収益率の期待値のみをみて投資の意志決定を行う。これに対して，危険回避者は期待値が同じ場合，リスクが小さい方を必ず選好する。投資家が危険回避者である場合は，第 4 節で検討する。

(7)　(18)式より，第 2 期と第 3 期の金融市場の均衡が成立しているときの関係を，$P_2 = (D_3 + P_3)/(1+r)$ と表すことができる。これを，(19)式の第 3 項の分子に代入する。この方法を次期以降について繰り返せばよい。

(8)　無限期間後の株価の現在割引価値は無視できるほど小さいと考えられる。なぜなら分母の $(1+r)^n$ は，n の増加にしたがって幾何級数的に増加するからである。

(9)　第 2 章でも確認したように，公比が 1 より小の等比数列の合計値は，簡略化された(23)式の第 2 項の公式に基づいて算出される。

＜参考文献＞

井出正介，高橋文郎（2005）『証券分析入門』日本経済新聞出版社。

大村敬一，俊野雅司（2014）『証券論』有斐閣。

小林孝雄，芦田敏夫（2013）『新・証券投資論』日本経済新聞出版社。

第7章

金融リスクとデリバティブ

　金融取引は，契約，清算，決済および資産や証券などの現物の受渡しという一連のプロセスからなる。通常の財取引において貨幣で決済が行われる場合，取引の一連のプロセスは同時点で完了する。しかし，金融取引の場合は，契約から現物の受渡しまでの間に時間がかかるため取引の一連のプロセスには時間のずれが生じる。さらに，金融取引は現在と将来との異時点間でキャッシュフローの交換を可能にするが，金融取引を行う当事者は将来何が起きるかを完全に予測することができないために様々な不確実性に直面している。金融取引に伴う不確実性から損失を被る可能性を総称して金融リスクと呼ぶ。金融リスクに対処するためにデリバティブと呼ばれる金融商品が生みだされ，現在ではデリバティブ取引は現物取引の金額を超える規模に発展している。

　本章では，様々なデリバティブ商品の特徴と仕組みを解説し，デリバティブ商品の価値がいかに決まるのかを説明する。

Key Words

金融リスク　デリバティブ　先渡し　先物　スワップ　比較優位　CDS　オプション　オプションを用いた戦略　二項ツリー・モデル

第1節　金融リスク

　金融取引とは，資金の借り手と資金の貸し手との間で資金を融通するための取引のことである。第1章で説明したように，金融取引を行うことで現在の消費と将来の消費を交換することが可能となる。つまり金融取引により異時点間の資源配分が可能となる。しかし，金融取引を行う当事者は，最初に金融取引を行う時点で将来何が起きるかを完全に予測することができないという意味において不確実性から生じるリスクに晒されることになる。

　不確実性が金融取引に及ぼすリスクの主たるものとして，信用リスク，市場リスクおよび流動性リスクが存在する。

　第一に，信用リスク（Credit Risk）とは，負債契約において資金の借り手による利払いや満期時点での元本の返済が契約どおりに行われないために資金の貸し手が損失を被るリスクを意味する。信用リスクとは債務不履行（デフォルト）が起きるリスクと同じ意味で用いられるが，特に金融取引を行う当事者間で取引相手が債務不履行を起こすリスクを取引先リスクと呼び，債券などの発行体が債務不履行を起こすリスクを発行体リスクと呼び，両者を区別して捉える必要がある。

　第二に，市場リスク（Market Risk）とは，金融取引を行う間に，金融市場で決まる金利，為替レート，株価，商品価格などの市場価格が変動することで，金融取引を行う当事者に損失が生じるリスクである。たとえば，変動金利で資金を借入れた企業は，借入期間中に市場金利が上昇することで，取引開始時点よりも高い金利コストを負担するリスクに晒されることになる。このように，市場リスクは，金融市場における価格変動により取引当事者が損失を被るリスクのことを意味する。

　第三に，流動性リスク（Liquidity Risk）とは，将来不測の資金需要が起きた時，即座に手持ち資産を換金できないために生じるリスクである。特に，資金の借り手による追加的な資金調達が困難になるか，追加的な資金調達に際して高金利や高担保などより厳しい借入れ条件が課されるため借り手の資金繰りが悪化するリスクのことを資金流動性リスクと呼ぶ。その他にも，金融市場において

金融商品の売買成立が困難になるか，売買を成立させるために適正な価格を大幅に下回る価格でしか売却できないケースなど取引当事者が著しく不利な条件を強いられるリスクがある。これを市場流動性リスクと呼び，資金流動性リスクと区別して捉える必要がある。

　金融取引は異時点間の資源配分を実現できる点において優れた仕組みであるが，異時点間の取引ゆえに将来起こりうる市場環境の不確実性に晒されることから取引当事者が損失を被るリスクを内包しており，上で述べた三つの金融リスクを管理する手段として様々なデリバティブ商品が開発されてきた。次節では，主要なデリバティブ商品の特徴について解説する。

第2節　デリバティブ

(1)　デリバティブとその機能

　デリバティブ（Derivatives）という語には，派生物という意味がある。金融市場や商品市場において，通貨，金利，債券，株式，各種の指標あるいは商品などの市場価格は常に変化するが，これは市場参加者による価値評価が異なるために生じる。このように価値が変動する物であれば何でもデリバティブの対象となり，デリバティブの対象となった物を総称して原資産（Underlying Asset）と呼ぶ[1]。これらの原資産から派生する様々な権利や義務を商品化したものをデリバティブあるいは派生商品と呼ぶ。特に，通貨などの金融資産や債券・株式などの金融証券が原資産となる場合には金融デリバティブや金融派生商品と呼ばれている。ここで，様々な権利や義務とは，売買期日，売買価格，売買権利や契約履行義務の有無などがあるが，詳しくは後で説明する。

　デリバティブには，リスク・ヘッジ，価格発見，市場流動性向上という三つの機能がある。まず，不確実な世界で起こりうる事象から生じる可能性のある損失を回避あるいは低減するリスク管理手法をリスク・ヘッジ（Risk Hedge）と呼ぶが，デリバティブを活用することで価格変動リスクをある程度ヘッジすることが可能となる。たとえば，農産物の生産者は，作付けから収穫を行うまでの間，天候による収穫高の変化や市場環境の変化などの不確実性が原因となり，農産物の市場価格が変化するリスクに直面している。そこで，作付けを行

う際，将来収穫した農産物を一定の価格で販売することができれば，安心して作付けの計画を立てることができ，収入を安定させることが可能となる。そこで，将来あらかじめ決められた期日とあらかじめ決められた価格で農産物を売買する取引としてデリバティブが活用されてきた[2]。

　次に，デリバティブの対象物である原資産を取引する市場には，現在時点で原資産の売買を行う直物市場の他にも，将来のある時点で原資産の売買を行う約束を結ぶ先物市場や原資産を対象としたデリバティブ市場が存在する。仮に直物市場で決まる価格と，先物市場やデリバティブ市場で決まる価格との間に差が生じれば，裁定取引を通じて各市場における価格の違いは解消されるため，市場参加者は適正な市場価格を見つけることが可能となる。

　最後に，資産保有者がいつでも希望の価格で資産を売買でき，その資産の取引高が大きい市場状態のことを市場流動性が高いという。デリバティブ市場の存在から裁定取引の機会が増すことで，原資産の現物取引や先物取引の取引量が増大することが期待できる。さらに，デリバティブを活用したリスク・ヘッジが可能となることで，多様な投資家が原資産の取引に参加することが可能となるため，デリバティブには原資産の市場流動性を高める効果がある。

　図表7－1にあるように，代表的なデリバティブとしては，先渡し，先物，スワップおよびオプションがある。先物やオプションは商品内容が標準化しており取引所に上場して取引されるのに対して，先渡しやスワップは主に銀行と

図表7－1　デリバティブの分類

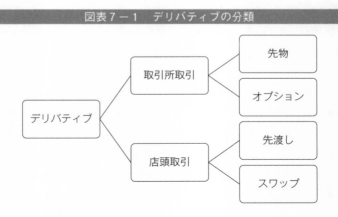

顧客による相対取引が中心で，商品内容は顧客のニーズに合うようテーラー・メードで決められ，店頭で取引されるという違いがある。以下では，各々のデリバティブの仕組みと特徴について，(2)で先渡しと先物，(3)でスワップ，(4)でオプションについて，順に解説する。

(2)　先渡しと先物

　一般的な経済取引では，取引・契約を行う時点で代金決済と商品の受渡しが同時に行われる。たとえば，スーパーで商品を購入する際にレジで現金を支払い，その場で商品を受取るという経済行為は日常的に行われている。このような取引の形態を現物取引（Spot Trade）と呼ぶ。一方，取引を行う時点で，将来のある時点で代金決済と商品の受渡しを行う約束のみ行い，実際の代金決済と商品の受渡しは取引や契約の中であらかじめ定められた将来の期日と取引価格を基にして行われる取引がある。このような取引形態を先物取引（Futures Trade）と呼ぶ。

　先物取引が利用される理由は，たとえば農家が1年後に収穫した米を売りたいが1年後に米の売却価格がいくらになるかを現時点でわからない場合，現在時点で米の売却価格を確定させたいニーズが存在するためである。実際，米などの商品だけでなく，通貨，債券，株式あるいは金利や各種金融指数など様々な金融商品に関する先物取引が行われている[3]。

　さて，上で説明したような先日付けの取引を行う際，先物契約（Futures Contract）と先渡し契約（Forward Contract）という2種類の契約タイプが存在する。いずれの契約も，将来のある時点であらかじめ決められた価格で，原資産の売買を行う契約であり基本的には同じ仕組みであるが，両者の間には以下の四つの違いがある。

　第一に，先物契約は期日や価格などの契約内容が標準化されており取引所に上場して取引される市場型取引である。一方，先渡し契約は金融機関と顧客が店頭市場で互いに契約条件を交渉して取引を行う相対型取引である。

　第二に，先渡し契約では，将来時点のあらかじめ決められた期日に，あらかじめ決められた価格で，一方の当事者が現物を買取る権利があり，もう一方の当事者が現物を売渡す義務がある。しかし，先物契約では期日が到来しても現

物自体の受渡しが行われず，現物自体の受取りの権利と受渡しの義務は生じない。

　第三に，先渡しではあらかじめ決められた期日にのみ取引（代金決済と現物受渡し）が行われるのに対して，先物ではあらかじめ決められた期日までの任意の時点で取引（代金決済のみ）が行われる。

　第四に，先渡し契約と先物契約とでは決済方法が異なり，先渡し契約では期日に現物の受渡しと引き換えに資金が決済されるのに対して，先物契約では期日までの任意の時点で取引が発生した時点で決済が行われるという違いがある。その他にも，先物契約では，決済時点での市場価格と先物契約の中であらかじめ決められた価格との間に生じた差額を計算して，その差額分のみ決済する差金決済が行われる。さらに，先物取引を行う際，顧客は取引相手である金融機関に対して証拠金を積み立てる必要があるが，原資産の時価が日々変動するため，毎日，値洗いと呼ばれる差額計算を行うことで証拠金額も変動する。証拠金が必要な理由は，市場価格と先物契約で決められた価格とが乖離することで顧客に評価損が発生した場合に備えて，金融機関が信用リスクを管理する目的で設定される。

　以上のように先渡し契約と先物契約にはいくつかの違いがあるが，基本的な仕組みは似ており，通常，同じ原資産で満期が同じ場合，先渡し価格と先物価格はほぼ近い価格になることが知られている。先渡し価格は期日に決済が起こり値洗いもないことから先物よりも単純な仕組みであるため，以下では先渡し価格がいかに決まるのかを説明しよう。

　割引債や無配当株式のように保有期間中に新たなキャッシュフローを生み出さない資産を原資産とする先渡し契約を考える。満期までの期間を T（年数 T = 1，2，3，…），無リスク利子率を r（年利100r％）とおく。無リスクで利益をあげられる投資機会が存在しない状態を「裁定均衡」と呼ぶが，裁定均衡において原資産の現物価格 S 円と先渡し価格 F 円との間には，次の(1)式の関係が成立しなければならない[4]。

$$F = S\ (1+r)^T \tag{1}$$

(1)式で，もし $F > S\ (1+r)^T$ ならば，現在時点に金利 r で借入れた資金 S 円を

用いて原資産を1単位購入し，先渡し契約で原資産1単位を F 円で売る契約
を結ぶことで，裁定者は無リスクで $F-S(1+r)^T>0$ の利益をあげることが
できる。同様に，もし $F<S(1+r)^T$ ならば，現在時点において原資産1単位
を S 円で空売りして得た資金 S 円を金利 r の安全資産で運用すると同時に，期
日（T年後）に原資産1単位を F 円で買う先渡し契約を結ぶことで，裁定者
は無リスクで $S(1+r)^T-T>0$ の利益をあげることができる。したがって，
裁定均衡において必ず(1)式が成立し，裁定均衡における先渡し価格を F^*，現
物価格を S^* と書くと，$F^*=S^*(1+r)^T$ という関係式が成立する。

(3)　スワップ

　スワップ（Swap）という語にはある物同士を交換するという意味があり，
金融取引でのスワップ契約とは，将来キャッシュフローや通貨を取引当事者間
で交換する契約のことを指す。金融取引から将来受取ることが期待される
キャッシュフローの大きさは，金利，為替レート，株価などの金融市場で決ま
る変数により影響を受けるが，スワップ契約を利用することで価格変動リスク
を交換できるだけでなく，取引当事者間のニーズにあった将来キャッシュフ
ローのパターンを実現できるという長所がある。スワップ契約の代表的な仕組
みには，変動金利と固定金利を交換する金利スワップや，別々の国の通貨を交
換する通貨スワップがある。以下では，金利スワップの例を考えてみよう[5]。

　今，高格付けAAのM社と中格付けBBBのN社の2社が存在する。
20××年9月末の時点でM社はLIBOR＋1％（年利）の変動金利ローン残高
が100億円あり，N社は5.5％（年利）の固定金利ローン残高が100億円ある。
20××年10月1日にM社とN社が期間1年，想定元本100億円の金利スワッ
プ契約を結んだとする[6]。契約条件の中で，M社はN社に対して4％（年利）
の固定金利を支払う一方，N社はM社に対してLIBOR（年利）の変動金利を
支払うことに合意している[7]。ただし，金利の支払いは半年毎，年2回に分け
て行われる。

　契約締結半年後の（20××＋1）年の4月1日に1回目の金利交換が行われ，
M社はN社に対して固定金利4％の半年分の利息2億円を支払い，N社から
変動金利の半年分の金利を受取る。M社がN社から受取る金額は，この日の

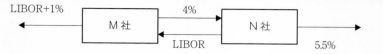

図表７－２　金利スワップによる負債交換の例

LIBOR が２％（年利）だとすると半年分の金利は0.5×２％＝１％なので，想定元本100億円×１％の１億円となる。つまり，M 社は１億円の損失（１－２＝－１億円）が生じ，N 社は１億円の利益（２－１＝１億円）が生じる。

　さらに，それから半年後の（20××＋１）年の10月１日に２回目の金利交換が行われるが，この日の LIBOR は５％（年利）に上昇していたとする。M 社は N 社に半年分の固定金利２億円を支払い，N 社は M 社に想定元本100億円に対して LIBOR 半年分の利子2.5億円（0.5×５％×100億円＝2.5億円）を支払う。つまり，M 社は0.5億円の利益（2.5－２＝0.5億円）が生じ，N 社は0.5億円の損失（２－2.5＝0.5億円）が生じる。契約期間である１年を通じたネットの収益は，M 社が0.5億円の損失（－１＋0.5＝－0.5億円），N 社は0.5億円の利益（１－0.5＝0.5億円）となる。以上が単純な金利スワップ取引の流れである。**図表７－２**を参照のこと。

　ここで，スワップ締結後の各社のネット・キャッシュフローは(2)式と(3)式で表される。

（スワップ前の調達金利）（スワップによる金利交換）　　（スワップ後の調達金利）

$$M 社のネット CF = -(LIBOR+1)\% \boxed{-4\%+LIBOR} = -5\% \qquad (2)$$
$$N 社のネット CF = -5.5\% \boxed{-LIBOR+4\%} = -(LIBOR+1.5)\% \qquad (3)$$

　また，スワップ締結後の各社のネット・キャッシュフローは**図表７－３**で表

図表７－３　金利スワップによる負債交換とキャッシュフローの例

	スワップ締結前		スワップ締結後	
	固定金利	変動金利	固定金利	変動金利
M社（AA）	（４％）	LIBOR＋１％	５％	
N社（BBB）	5.5％	（LIBOR＋２％）		LIBOR＋1.5％

される。図表7－3を見ると，金利スワップ契約を利用することで，M社は
LIBOR＋1％の変動金利借入れを5％の固定金利借入れに変換し，N社は5.5％
の固定金利借入れをLIBOR＋1.5％の変動金利借入れに実質的に変換できたこ
とになる。N社にとってスワップ契約後の変動金利はLIBOR＋1.5％となるた
め，スワップ契約前にN社が単独で資金調達する際の変動金利LIBOR＋2％
と比べて調達金利を0.5％下げることが可能となり，想定元本100億円の0.5％に
あたる利子総額5,000万円を節約できることになる。

　実は，スワップ取引には比較優位論が成立する。上の例では，M社は高格
付けAAでN社は中格付けBBBであることから，M社の方がN社よりも格
付けが高い分だけ固定金利と変動金利のいずれの金利も低くなっている。した
がって，M社はN社に対して資金調達コストにあたる金利面で絶対優位の立
場にある。一方，2社間の金利差を見れば，固定金利差は1.5％（＝5.5％－
4％），変動金利差は1％［＝（LIBOR＋2％）－（LIBOR＋1％）］であること
から，M社は固定金利での資金調達に比較優位があり，N社は変動金利での
資金調達に比較優位があることがわかる。

　上記の変動金利ローンと固定金利ローンの負債変換の例を用いて，比較優位
の利益について説明しよう。ただし，上の例と異なり，今回は2社が最初に比
較優位にある資金調達方法を選んでいるとしよう。つまり，金利スワップ締結
前にM社は4％の固定金利で，N社はLIBOR＋2％の変動金利でそれぞれ
100億円の資金調達を行っていたとする。ここで，M社とN社との間で，M
社がN社に対してLIBORを支払い，N社がM社に対して固定金利3.25％を支
払う金利スワップ契約に合意すれば，スワップ締結後の各社のネット・キャッ
シュフローは(4)式と(5)式で表される。**図表7－4**を参照のこと。

　ここで，スワップ締結後の各社のネット・キャッシュフローは(4)式と(5)式で
表される。

図表7-5　金利スワップによる負債交換とキャッシュフローの例（比較優位のケース）

	スワップ締結前		スワップ締結後	
	固定金利	変動金利	固定金利	変動金利
M社（AA）	4％	（LIBOR＋1％）		LIBOR＋0.75％
N社（BBB）	（5.5％）	LIBOR＋2％	5.25％	

（Swap 前の調達金利）　（Swap による金利交換）　　　　（Swap 後の調達金利）

M社のネットCF＝－4％ $\quad$ $-LIBOR＋3.25\%$ ＝－(LIBOR＋0.75)％ $\quad$ (4)

N社のネットCF＝－(LIBOR＋2％) $-3.25\%＋LIBOR$ ＝－5.25％ $\quad$ (5)

　図表7-5を見ると，M社は単独で変動金利ローンを組むよりも0.25％［＝（LIBOR＋1％）－（LIBOR＋0.75％）］だけ金利が低くなり，N社は単独で固定金利ローンを組むよりも0.25％（＝5.5％－5.25％）だけ低い金利での資金調達が可能となることがわかる。したがって，想定元本100億円に対してM社とN社はそれぞれ2500万円ずつ利子費用を削減でき，2社合計で5000万円の利子費用を節約できたことになる[8]。

　この例からわかるように，二つの会社が互いに比較優位のある資金調達方法で調達した資金をスワップ契約で交換することで，互いのニーズに合った金利や通貨での資金調達に自由に変換できることが可能となるのである。

(4)　オプション

　オプション（Options）とは，「将来のある時点」において「あらかじめ決められた価格」で原資産を売買する権利を取引することである。原資産には，株式，金利，通貨，商品など基本的に値動きのあるものならばどんな物でも対象になる。たとえば，株式オプション，金利オプション，通貨オプション，商品オプションなどがある。オプションの買い手が権利を行使するかどうかの選択権を持つことがオプションの語源になっている。将来のある時点のことを権利行使日，あらかじめ決められた価格のことを権利行使価格と呼ぶ。売買する権利には「買う権利」と「売る権利」に分けられ，買う権利のことをコール（Call），売る権利のことをプット（Put）という。

　オプションの買い手は権利を行使するかどうかの選択権を持つ一方，オプ
ションの売り手は，オプションの買い手が権利を行使した場合，必ず反対取引
に応じる義務がある。満期日のみ買い手が権利を行使できるオプションをヨー
ロピアン・タイプと呼び，満期日までの間，任意の時点で買い手が自由に権利
を行使できるオプションをアメリカン・タイプと呼ぶ。

　オプションの詳しい特徴については，次の第3節で説明する。

(5)　信用デリバティブ

　上の(1)から(4)の中で説明したデリバティブは原資産の価格変動リスクが不確
実性の源泉であったが，国や企業などの経済主体が債務不履行を起こす可能性，
つまり信用リスクを不確実性の源泉としたデリバティブのことを信用デリバ
ティブ（Credit Derivatives）と呼ぶ。信用デリバティブ取引は1990年代に始ま
り，わずか10数年の間に急成長を遂げ，2007年のリーマン・ショック直前には
全取引の想定元本総額が約8,000億ドルに達し，2000年代初めからわずか数年
でおよそ5倍の取引規模に達した。

　信用デリバティブは様々な形態があるが，以下では代表的な信用デリバティ
ブとしてクレジット・デフォルト・スワップ（Credit Default Swap，CDS）を
例にとり，その商品内容を説明しよう。CDSは，特定の国や企業などの債券
発行体が債務不履行を起こすリスクに対する保険と解釈できる。対象となる債
券発行体を参照体と呼び，参照体が債務不履行を起こすことを信用事由が発生
すると表現する。通常，参照体の信用事由が起きなければ，この参照体の
CDSの買い手は，定期的（通常半年に1回のペース）に保険料にあたるプレ
ミアムをCDSの売り手である保険会社に支払う。しかし，ひとたび信用事由
が発生すれば，CDSの買い手は自分の保有している債券を額面金額で売る権
利があり，CDSの売り手は額面金額で買取る義務がある。信用事由が実際に
発生した場合には現物の債券の受渡しは起きず，額面価格と市場価格の差額分
のみ資金決済が行われるため，CDSの買い手が最大限受取る可能性のある債
券額面額をCDSの想定元本と呼び，想定元本に占める年当たり保険料の比率
はCDSスプレッドと呼ばれる。

　通常，保険会社などの大手金融機関がCDSの売り手となり，顧客に対して

CDS スプレッドのビット・アスク・レートを同時に提示することで，マーケットメーカーとしての機能を果たしている。また CDS スプレッドの指数も存在し，投資適格な125社の CDS スプレッドから構成されるポートフォリオを基準として算出され，参照体として北米企業を対象とした CDX NA IG，欧州企業を対象とした iTraxx Europe，日本企業を対象とした iTraxx Japan などがある。

第 3 節　オプション

(1)　オプションのペイオフ構造

　　オプション価格のことをオプション・プレミアム（Option Premium）と呼ぶが，オプション・プレミアムはどのように決まるのであろうか。以下では，ヨーロピアン・タイプの株式オプションを例にして，オプション価値の意味を説明する。なおヨーロピアン・タイプのオプションは権利行使日のみ権利行使が行われるため，満期日までの任意の時点で権利行使が行われる可能性のあるアメリカン・タイプのオプションよりも単純な構造となっており説明し易いことから，以下ではヨーロピアン・タイプのオプションを用いて説明する。

　　ある株式を原資産としたヨーロピアン・タイプのコール・オプションを考える。コール・オプションの満期日（権利行使日）を T，権利行使価格を K 円，満期日の株価を S_T 円おく。

　　このコール・オプションの価値は，権利行使を行う可能性のある満期日の株価と権利行使価格との大小関係により決定される。まず，満期日の株価が権利行使価格以上になったとする（$S_T \geqq K$）。この時，コール・オプションの買い手は，権利行使価格 K 円で買う権利を行使し，市場で決まる株価 S_T 円よりも安い K 円で株式を購入する方が有利となり，$S_T - K \geqq 0$ 円だけ得になる。他方，満期日の株価が権利行使価格よりも低くなったとする（$S_T < K$）。この時，市場で決まる株価 S_T 円よりも高い K 円で株式を購入する必要はないので権利を放棄し，オプションの価値は 0 円になる。つまり，コール・オプションの買い手のペイオフは，

$S_T \geqq K$ ならば，コール・オプションの権利行使を行い$S_T-K \geqq 0$円を受取る。
$S_T < K$ ならば，コール・オプションの権利行使を行わず0円を受取る。

となる。ここで，Max（A，B）はAまたはBの内いずれか大きい方を選べという意味の記号だとすると，コール・オプションの買い手のペイオフは，(6)式のようにMax（S_T-K，0）と書くことができる。逆に，コール・オプションの売り手のペイオフは，−Max（S_T-K，0）と書くことができる。ここで，Min（A，B）はAまたはBの内いずれか小さい方を選べという意味の記号だとすると，−Max（S_T-K，0）は(7)式のようにMin（$K-S_T$，0）と書き換えることができる。

コール・オプションの買いポジション：Max（S_T-K，0）　　　　　(6)

コール・オプションの売りポジション：Min（$K-S_T$，0）　　　　　(7)

　次に，上と全く同じ条件のヨーロピアン・タイプのプット・オプションを考える。コール・オプションの時と同様に，プット・オプションの価値は権利行使を行う可能性のある満期日の株価と権利行使価格との大小関係により決定される。まず，満期日の株価が権利行使価格よりも高くなったとする（$S_T > K$）。この時，市場で決まる株価S_T円で株式を売却した方が権利行使価格のK円で株式を売却するよりも有利となるためプット・オプションの買い手は売る権利を放棄し，オプションの価値は0円になる。他方，満期日の株価が権利行使価格以下になったとする（$S_T \leqq K$）。この時，プット・オプションの買い手は，権利行使価格K円で売る権利を行使し，市場で決まる株価S_T円よりも高いK円で株式を売却できるため，$K-S_T \geqq 0$円だけ得になる。つまり，プット・オプションの買い手のペイオフは，

$S_T \leqq K$ ならば，プット・オプションの権利行使を行い$K-S_T \geqq 0$円を受取る。
$S_T > K$ ならば，プット・オプションの権利行使を行わず0円を受取る。

となる。先ほど同様，Max（A，B）とMin（A，B）の記号を用いてこれらを書き直すと，プット・オプションの買い手のペイオフは，(8)式のようにMax（$K-S_T$，0）と書くことができる。逆に，プット・オプションの売り手のペイ

オフは－Max $(K-S_T, 0)$ と書け，さらにこれは(9)式のように Min $(S_T-K, 0)$ と書き換えることができる。

　　　プット・オプションの買いポジション：Max $(K-S_T, 0)$　　　　　　(8)

　　　プット・オプションの売りポジション：Min $(S_T-K, 0)$　　　　　　(9)

(2)　オプションのペイオフ構造の図による説明

　先に説明したオプションのペイオフ構造を表す(6)式から(9)式を図にしたものが**図表7－6**である。図中の横軸は満期日の株価S_T，縦軸はオプションの買い手のポジション毎のペイオフを太線で描いている。ただし，図表7－6の中では，話を単純にするためオプション・プレミアムは0円として描かれている点に注意する。

　まず，(6)式と図表7－6のAを用いてコール・オプションの買いポジションのペイオフを説明しよう。(6)式からわかるように，満期日の株価S_T円が権利行使価格K円を下回ればコール・オプションの価値は0円となるため，図中の横軸にあるKより左側ではペイオフを表す太線はすべて0の位置にある。満期日の株価がこの領域にある時，コール・オプションの買い手は権利行使を放棄するので，この状態をアウト・オブ・ザ・マネー・ポジションと呼ぶ。満期日の株価S_T円が権利行使価格K円を上回ればコール・オプションの価値はS_T-K円となるため，図中の横軸にあるKより右側ではペイオフを表す太線は，横軸のKを通り傾きが1の直線になる。満期日の株価がこの領域にある時，コール・オプションの買い手は権利を行使するので，この状態をイン・オブ・ザ・マネー・ポジションと呼ぶ。

　図表7－6のAを見ると，コール・オプションの買い手のペイオフは，満期日の株価が権利行使価格を上回る程度が高くなるほど大きくなるのに対して，満期日の株価が下がる場合は損失が起きないため下限（フロア）が保証されているという特徴がある。図表7－6のBのコール・オプションの売りポジションのペイオフは，今説明した買いポジションと正反対になるので，横軸に対して上下対称に描かれることがわかる[9]。

　次に，(8)式と図表7－6のCを用いてプット・オプションの買いポジショ

図表 7 − 6　オプションのペイオフ

A　コール・オプションの買いポジション　B　コール・オプションの売りポジション

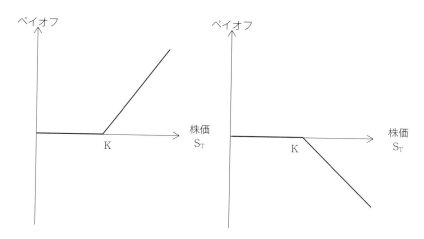

C　プット・オプションの買いポジション　D　プット・オプションの売りポジション

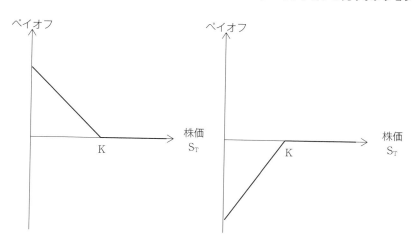

ンのペイオフを説明しよう。(8)式からわかるように，満期日の株価 S_T 円が権利行使価格 K 円を上回ればプット・オプションの価値は 0 円となるため，図中の横軸にある K より右側ではペイオフを表す太線はすべて 0 の位置にある。満期日の株価がこの領域にある時，プット・オプションの買い手は権利行使を放棄しており，アウト・オブ・ザ・マネー・ポジションの状態にある。逆に，満期日の株価 S_T 円が権利行使価格 K 円を下回ればプット・オプションの価値は $K-S_T$ 円となるため，図中の横軸にある K より左側ではペイオフを表す太線は，横軸の K を通り傾きが－1の直線になる。満期日の株価がこの領域にある時，プット・オプションの買い手は権利を行使しておりイン・オブ・ザ・マネー・ポジションの状態にある。

　図表 7 - 6 の C を見ると，プット・オプションの買い手のペイオフは，満期日の株価が権利行使価格を下回る程度が高くなるほど大きくなるのに対して，満期日の株価が上がる場合は損失が起きないため，やはり下限（フロア）が保証されているという特徴がある。図表 7 - 6 の D のプット・オプションの売りポジションのペイオフは，今説明した買いポジションと正反対になるので，横軸に対して上下対称に描かれることがわかる。

　以上のオプション価値に関する議論では，満期日の株価と権利行使価格の関係のみを用いてきた。このように満期日におけるオプション価値のことを本源的価値と呼ぶ。それでは，満期日前でのオプション価値はどうなるだろうか。満期日が確定しているのでヨーロピアン・タイプのコール・オプションの価値は，本源的価値に加えて満期日までの時間が長いほど時間的価値が加わることになる。これは，仮に現時点での株価がアウト・オブ・ザ・マネー・ポジションの状態にあるためオプションの本源的価値が 0 であったとしても，満期日までの時間が長いほど原資産の株価変動の可能性が高まることや，金利が変動して割引率が変化することで，オプションの時間的価値が生まれるためである。**図表 7 - 7** の中の太線は，権利行使日前のコール・オプションのペイオフの形状が描かれており，本源的価値＋時間的価値になっている[10]。

図表7－7　コール・オプションの本源的価値と時間的価値

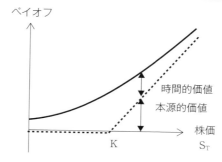

(3)　オプション価値に影響を与える要因

　オプションは権利が行使される日までに時間がかかるため，時間の経過とともに様々な要因によりオプションの価値が変化する。オプション価値に影響を与える要因には，①原資産価格，②行使価格，③満期までの期間，④原資産価格の変動性，⑤金利，⑥満期までに受取ることが予想される配当金に依存する。以下では，ヨーロピアン・タイプの株式オプションを例にとり，上記六つの要因がオプション価格に与える影響について説明しよう。

　まず，①原資産価格であるが，現在の株価が高いほど，満期日に原資産価格が行使価格を上回る可能性が高まるため，コール・オプションの価値は高くなる一方，プット・オプションの価値は低くなる。逆に，現在の株価が低いほど，満期日に原資産価格が行使価格を下回る可能性が高まるため，プット・オプションの価値は高くなる一方，コール・オプションの価値は低くなる。

　次に，②行使価格であるが，コール・オプションの場合，満期日の株価が行使価格を上回った分だけの価値があるため，行使価格が高いほど満期日の株価が越えなければならないハードルが高まることから，コール・オプションの価値は減少する。逆に，プット・オプションの場合，満期日の株価が行使価格を下回った分だけの価値があるため，行使価格が高いほどハードルが下がることから，コール・オプションの価値は増加する。

　③満期までの期間の効果は二つある。まず，満期までの期間が長いほど，満期日に株価が行使価格を上回るか下回る可能性が共に高まることから，コー

図表7－8　オプション価値に与える要因

	コール・オプション	プット・オプション
原資産の価格	＋	－
行使価格	－	＋
満期までの期間	＋	＋または－
原資産の価格変動性	＋	＋
無リスク利子率	＋	－
予想配当金	－	＋

ル・オプションの価値とプット・オプションの価値は共に増加する。次に，満期までの期間が長いほど，満期日の行使価格の時間割引率が高くなるため，権利行使価格の割引現在価値は下がることになる。そのため，コール・オプションの価値は増加する一方，プット・オプションの価値は減少する。これら二つの効果を合わせて考えると，コール・オプションの価格に与える効果はプラスであるが，プット・オプションの価格に与える影響はプラスとマイナスの影響があるためわからず，プラスの効果がマイナスの効果を上回る場合のみプット・オプションの価格に与える影響はプラスとなる。

　④将来の株価変動の可能性が高まると，満期日の株価が行使価格を上回るか下回る可能性のいずれも高まるため，コール・オプションとプット・オプションの価値は共に増加する。

　⑤無リスク金利について，無リスク金利が高くなるほど時間割引率が高くなるので行使価格の現在価値が小さくなる。したがって，無リスク金利の上昇は実質的な行使価格を下げる効果があることから，コール・オプション価値にはプラス，プット・オプション価値にはマイナスの効果がある。

　最後に，⑥満期日までの間に配当支払いがある場合，配当落ち後の株価は支払われた配当金額の分だけ下がるため，コール・オプションにはマイナスに働き，プット・オプションにはプラスに働く。以上，オプション価値に影響を与える要因をまとめたものが**図表7－8**である。

(4)　オプションを用いた取引戦略

　現物とオプションの組み合わせ，あるいは異なるオプション同士を組み合わせることによって，様々なペイオフ構造を作り出すことが可能となる。

　まず，保有する現物の価格変動リスクをヘッジすることを目的とした投資戦略を説明する。現物を保有したままで価格下落リスクをヘッジするために，現物にプット・オプションの買いを組み合わせる投資戦略のことをプロテクティブ・プット（Protective Put）と呼ぶ。次頁**図表7 − 9**のAを見るとわかるように，プロテクティブ・プットのペイオフは，コール・オプションの買いと同じペイオフになる。また，現物を保有したままでオプション・プレミアムを得るために，現物にコール・オプションの売りを組み合わせる投資戦略のことをカバード・コール（Covered Call）と呼ぶ。図表7 − 9のBではオプション・プレミアムは0として描かれているが，この図を見ると，カバード・コールのペイオフは，プット・オプションの売りと同じペイオフになる。

　次に，現物は保有しないがオプション同士を組み合わせることで，価格変動リスクを積極的に利用して利益を追求することを目的とした投資戦略を説明する。同一枚数，同一行使価格のコール・オプションの買い（売り）とプット・オプションの買い（売り）を組み合わせる投資戦略をストラドル（Straddle）の買い（売り）と呼ぶ。図表7 − 9のCを参照。投資家が原資産価格の上下の変動が大きくなると予想する場合，ストラドルの買いのポジションを組むことで，実際に原資産価格が大きく上下いずれの方向に動いた場合でも利益をあげることができる。その他にも，ストラドルでは同一価格のコール買い（売り）とプット買い（売り）を組み合わせたのに対して，互いに異なる行使価格のコール買い（売り）とプット買い（売り）を組み合わせた投資戦略をストラングル（Strangle）と呼ぶ。ストラングル買い（売り）では，コール買い（売り）の行使価格がプット買い（売り）の行使価格より高く設定される点に注意する。図表7 − 9のDを参照。

図表７－９　オプションを組み合わせた投資戦略

A. プロテクティブ・プット

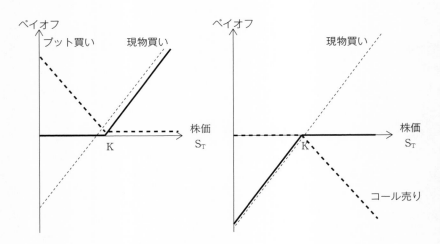

B. カバード・コール

C. ストラドルの買い

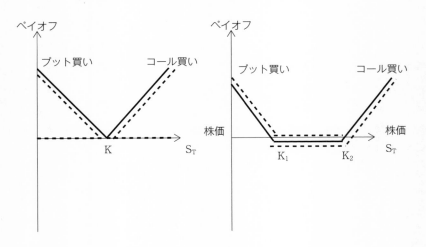

D. ストラングルの買い

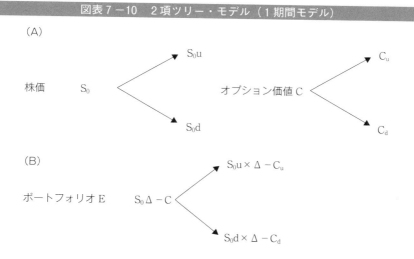

図表7−10　2項ツリー・モデル（1期間モデル）

(A)

株価　　S_0　　S_0u / S_0d　　オプション価値C　　C_u / C_d

(B)

ポートフォリオ E　　$S_0\Delta - C$　　$S_0u \times \Delta - C_u$ / $S_0d \times \Delta - C_d$

第4節　二項ツリー・モデルによる オプションの価格付け

　今まで議論ではオプション価格は0であると仮定してきたが，第6章で配当割引モデルを用いて株価を求めたように，オプション価格も二項ツリー・モデルを用いて求めることができる。二項ツリー・モデルでは，原資産価格は確率的に変動し，将来，原資産価格が上がるか下がるかの二つの状態しか存在しないため，原資産価格は二項分布に従う確率変数になる。**図表7−10**は1期間モデルを図にしているが，原資産価格の動きを多期間にわたり図で描くと木の形に見えることから二項ツリー・モデルと呼ばれている。二項ツリー・モデルを用いてオプションの価値を求める利点は，オプションと同じ価値を持つ複製ポートフォリオを作成し，一物一価の法則を用いてそのポートフォリオとオプションとの裁定取引の結果としてオプション価値を求めることができるために，計算が簡便になる点である[11]。そこで，以下では1期間二項ツリー・モデルについて詳しく解説する。

　現在時点（第0期）と将来時点（第1期）の2時点からなる1期間モデルを

考える。ある一つの株式とその株式を原資産とする一つの株式オプションが存在するとしよう。現在の株価を S_0 円，将来の株価を S_1 円，株式オプションの現在価値を C 円，満期までの時間を T とおく。また，無リスク資産の収益率 r と仮定する。株価は満期までの間に1回だけ上昇するか下落するかのいずれかに変化する。満期日の株価は，株価が上昇した場合には $S_1 = S_0 u$ 円となり，下落した場合には $S_1 = S_0 d$ 円となる。ただし，u＞1，d＜1である。したがって，株価が上昇した場合，株式収益率は $(S_0 u - S_0)/S_0 = (u-1)$ ％＞0となり，株価が下落した場合，株式収益率は $(S_0 d - S_0)/S_0 = (d-1)$ ％＜0となる。他方で，満期日の株式オプション価値は，株価が上昇した場合 C_u 円，株価が下落した場合 C_d 円となる。図表7−10の（A）を参照。

　さて，現在時点（第0期）で「Δ 単位の株式を買い＋1単位の株式コール・オプションを売る」という新たなポートフォリオEを組んだとしよう。このポートフォリオEの価値は図表7−10の（B）のようになる。

　仮に，満期（T）時点でのポートフォリオEの価値が，株価が上昇した時と下落した時との間で同じになるならば，ポートフォリオEは無リスクだといえる。この時，次の(10)式が成立しているはずである。

$$S_0 u \times \Delta - C_u = S_0 d \times \Delta - C_d \tag{10}$$

(10)式を整理すると，

$$\Delta = \frac{C_u - C_d}{S_0 u - S_0 d} \tag{11}$$

が得られる。(11)式では，分子は満期時のオプション価格の差，分母は満期時の株価の差になる。したがって，(11)式の左辺にある Δ（デルタ）は，満期時のオプション価格の差と株価の差との比率を表し，Δ は無リスクのポートフォリオに組み込まれる株式枚数を表している。

　ポートフォリオEの満期（T）時点での価値を無リスク資産の収益率 r で割り引くと，第0期時点での現在価値は $(S_0 u \times \Delta - C_u)/(1+r)^T$ となる。一方で，第0期時点でポートフォリオEを組むために必要な資金は $S_0\Delta - C$ である。したがって，裁定機会が存在しないという条件が成立するためには，次の(12)式が

成立すればよい。

$$\frac{S_0 u \times \Delta - C_u}{(1+r)^T} = S_0 \Delta - C \tag{12}$$

(12)式の中にある Δ に(11)式を代入して C について整理すると，次の(13)式で表されるコール・オプションの裁定均衡価格 C^* が得られる。

$$C^* = \frac{p C_u + (1-p) C_d}{(1+r)^T} \tag{13}$$

ただし，(13)式の中の p は次の(14)式で表される。

$$p = \frac{(1+r)^T - d}{u - d} \tag{14}$$

(14)式を詳しく見ると，この式の中には株価が上下する確率が含まれていないことがわかる。これは，原資産の収益率を表す u や d の水準の中に株価が上下する確率がすでに織り込まれているためである。したがって，オプションの価値を計算する際に株価が上下する確率を考慮する必要がなく，無裁定条件のみが必要となる。

　最後に，数値例を示しておこう。$T = 2$，$u = 1.33$，$d = 0.85$，$r = 0.1$，$C_u = 1.2$，$C_d = 0$ ならば，$p = \{(1+0.1)^2 - 0.85\} / (1.33 - 0.85) = 0.75$ より，$C^* = 0.75 \times 1.2 / (1+0.1)^2 \fallingdotseq 0.7438$ となる。

【注】

(1)　以下では，原資産で統一した表記するが，正確には，派生する基になる物の性質の違いにより原資産，原証券，原商品と呼び方を区別する必要がある。

(2)　わが国における先物市場の歴史は古く，江戸時代半ばの1730年に大坂堂島に堂島米会所と呼ばれる米の先物市場が開かれ，帳合米と呼ばれる先物取引が活発に行われていた。

(3)　わが国における主要な金融先物取引所において，株価指数である TOPIX 関連は東京証券取引所，日経平均関連は大阪取引所（かつての大阪証券取引所），金利・通貨については東京金融取引所がそれぞれ取扱いを行っている。また，米国の主要な先物取引所としてシカゴ・マーカンタイル取引所（CME）があげられ，農産物などの商品から金融商品まで幅広く取り扱っている。

(4)　本文では離散時間の場合を扱うが，連続時間の場合には，e を自然対数とすると，(1)式は $F=Se^{rT}$ となる。

(5)　以下，本文のスワップの例は，ハル（2009）の第 7 章を参考にしている。

(6)　スワップ取引では，実際には元本部分の交換を伴わず変動金利と固定金利の差額部分から生じるキャッシュフローのみ交換が行われることから，想定元本という呼び方をする。

(7)　LIBOR は欧州の銀行間市場において資金を取引する時に適用される基準レートで，ロンドン銀行間貸出金利の略称である。

(8)　ここで，比較優位を利用したスワップ取引により下がった金利の合計0.5％は，2 社間の固定金利差1.5％から 2 社間の変動金利差 1 ％を引いたものと等しい点に注意する。

(9)　これと対照的に，図表 7 － 6 の B にあるコール・オプションの売りポジションや，次の図表 7 － 6 の D にあるプット・オプションの売りポジションでは，利益の上限（キャップ）が保証されている。

(10)　さらに，本源的価値＋時間的価値のペイオフ形状は本源的価値のみのペイオフ形状に対して凸になっている点に注意する。

(11)　本文中の以下の説明は，ハル（2009）の第11章を参照している。オプションの価格を求める方法としてブラック・ショールズ・モデルが有名であるが，このモデルを理解するには確率微分方程式などの高度な数学的の知識を必要とすることから，本書のレベルを超えるためこれ以上の説明は行わない。

＜参考文献＞

大村敬一『ファイナンス論　入門から応用まで』有斐閣ブックス　2010年。
大村敬一・俊野雅司『証券論』有斐閣　2014年。
ジョン・ハル『ファイナンシャル・エンジニアリング（第 7 版)』（三菱 UFJ 証券市場商品本部　訳）金融財政事情研究会　2009年。

Column

サブプライム・ローンと金融危機

　2008年9月に米国大手投資銀行リーマン・ブラザーズの経営破綻を契機にして世界的規模の金融危機が発生した。その原因は，米国サブプライム・ローンを証券化した金融商品が関連している。以下では，この金融危機の背景と経緯について説明しよう。

　2000年代前半の米国では住宅価格の上昇が続いていた。当時は，2000年のITバブルの崩壊からFRBが低金利政策を続ける中で，新興国の貿易黒字が拡大し先進国との間で貿易不均衡が大きくなる中，世界的規模で過剰な流動性が発生していた。過剰流動性の一部は米国の住宅市場へも流入し，住宅価格バブルを大きくしていた。このような経済環境下，米国の住宅ローン市場においてサブプライム・ローンと呼ばれる抵当権付貸出が増加していた。銀行の貸出先として優良顧客向け貸出はプライム・ローンと呼ばれる一方，過去に自己破産や延滞した履歴がある信用力の低い顧客向け貸出はサブプライム・ローンと呼ばれる。

　通常，このような信用力の劣る顧客は信用リスクが高すぎて金融機関は貸出を行わないはずである。なぜ，このような不良な貸出が増えていったのであろうか。そのカギは，証券化を利用した金融商品の普及に伴い，信用リスクの移転が可能となったことにある。

　図表7－Aは住宅ローン証券化のイメージを描いている。まず，金融機関が個々の住宅ローン債権（モーゲージ）を組成（オリジネート）する。次に，個々の住宅ローン債権を集めた貸出債権の集合体（モーゲージ・プール）を作り，その集合体を特別目的事業体（Special Purpose Vehicle, SPV）に転売する。特別目的事業体は，貸出債権の集合体を裏付け資産としたモーゲージ担保証券（Mortgage Backed Securities, MBS）を発行する。住宅ローン債権を証券化する際，優先劣後構造を利用して，信用度の高い部分から低い方へ順に，シニア，メザニン，エクィティという部位（トランシェ）に分割し，それぞれの部位に対して格付けを取得する。さらに，住宅ローン担保証券の各部位は他の貸出債権の部位と複雑に組み合わされ，債務担保証券（Collateral Debt Obligations, CDO）という別の証券化商品に形を変え，投資銀行などを通じて世界中の投資家に販売された。当時は金利が低かったこともあり，高金利目当て

の外国人投資家からも旺盛な需要があった。

　証券化を利用した銀行のビジネスモデルを組成・販売型（Originate to Distribute）モデルと呼ぶが，原債権を組成するオリジネーターである銀行は，証券化を利用することで貸出債権をすぐに転売し資金回収を図れることから，信用リスクを負うことなく貸出残高を増やすことができたため，サブプライム・ローンのような高リスクのローン残高が拡大した。従来型の組成・保有型貸出モデルで本来銀行が負うべき信用リスクが，組成・販売型モデルでは証券化商品を購入した投資家の価格変動リスクへと変換されたことから，信用リスクの移転が可能となったのである。

　住宅バブルを警戒した当時の FRB 議長のグリーンスパンは，2004年半ばから政策金利の引上げに動いたため，住宅価格の下落が始まり，すぐに住宅価格のバブルが崩壊する。2006年末頃からモーゲージ・ローン会社などの経営破たんが始まり，2007年の夏ごろには証券化商品に投資していた米国投資銀行ベアー・スターンズ傘下のヘッジ・ファンドの損失計上から証券化商品や証券化ビジネスに関わる金融機関の格下げが相次ぎ，金融市場の動揺が始まる。その流れは欧州金融機関にも拡がり，ドイツの IKB 銀行の損失計上，フランスのパリバ証券傘下の二つのファンドの資産一時凍結，英国のノーザン・ロック銀行の預金

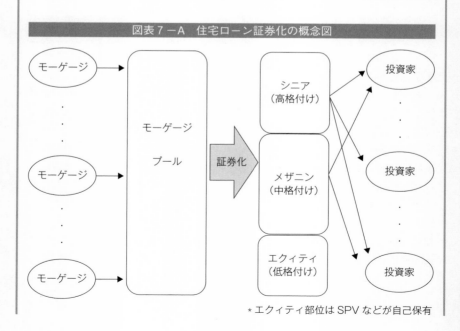

図表7－A　住宅ローン証券化の概念図

＊エクィティ部位は SPV などが自己保有

取付けなどが起きた。さらに，証券化商品のクレジット・デフォルト・スワップ（CDS）契約を金融機関に提供していたモノラインと呼ばれる金融保証会社の格下げも起き，金融機関の資金繰りが急速に悪化していく。9月になると，米国住宅金融の中心的存在であるファニー・メイ（連邦住宅抵当公庫）とフレディ・マック（連邦住宅金融抵当公庫）が一時的に政府管理下に置かれることになった。このような金融的混乱の中，9月15日にリーマン・ブラザーズの経営破綻が起きた。リーマン・ブラザーズに対する米国政府による救済が行われなかったが，その後，米国政府は保険大手のAIGを政府管理下に置き救済を実施した。さらに，シティー・バンクをはじめとする大手商業銀行の多くに公的資金を注入する。

　リーマン・ショックからの教訓は，規模の大きな銀行はシステミック・リスクの影響が大きいことから簡単に経営破綻させられないというTBTF問題に対する政府の対応の難しさが改めて認識された点にある。米国政府やFRBによる金融機関救済の対応は一貫性に欠けていたため，その後批判を浴びることとなり，ボルカー・ルールやドット・フランク法の制定により金融機関経営を厳格に規制する方向で規制改革が行われることとなった。

　図表7－Bは，日本の証券化商品の「裏付け資産」別発行金額の2004〜2022年度の推移を表している。証券化商品全体の発行金額のピークは，リーマンショック直前の2006年度の9兆8,385億円であったが，その後，発行額が急速に減少し，ボトムの2010年度には2兆6,040億円とピーク時の約26.5%の水準まで減少した。さらに，同時期に，CMBS，リースおよび消費者ローンを裏付けとした証券化商品の発行が激減した。2015年以降は証券化商品全体の発行金額は増加に転じ，2019年度には5兆4,999億円にまで回復している。この期間，CDOやショッピング・クレジットを裏付けとする証券化商品の発行額が大きく増加し，CDOを裏付けとした証券化商品の発行金額は2021年度に8,509億円と2007年度の3,508億円を上回り，ショッピング・クレジットを裏付けとする証券化商品の発行金額は，2007年度の2,955億円から2021年度には1兆8,215億円と約6.2倍まで大きく増加している。

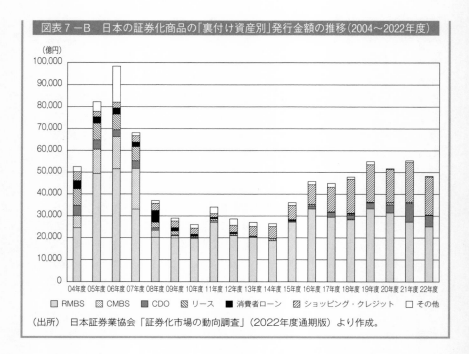

図表 7 −B　日本の証券化商品の「裏付け資産別」発行金額の推移（2004〜2022年度）

（億円）

RMBS　CMBS　CDO　リース　消費者ローン　ショッピング・クレジット　その他

（出所）　日本証券業協会「証券化市場の動向調査」（2022年度通期版）より作成。

第 *8* 章

外国為替と為替レート

　本章と次章では国際金融について学ぶ。国際金融とは国境をまたぐ（クロス・ボーダー）金融取引のことであり，それには通貨の交換すなわち外国為替取引が付随する。そこで，本章ではまず，外国為替および外国為替市場の仕組み・特徴について学ぶ。あわせて，国際金融・貿易取引の決済に使用される国際通貨の概念を整理する。次に，一国の対外経済取引を集計した国際収支統計について解説し，経常収支と国際金融取引が表裏一体であること，経常収支黒字・赤字が対外純資産の増減に対応していることを明らかにする。最後に，為替レートの決定理論として代表的な，購買力平価説，金利平価説，マネタリー・アプローチを紹介する。

Key Words

外国為替　外国為替市場　国際通貨　国際収支　経常収支　購買力平価　金利平価　名目為替レート　実質為替レート

第1節　外国為替市場

(1)　外国為替

　皆さんは「外国為替」と聞いて何をイメージするだろうか。おそらく，1ドル100円，1ユーロ130円といった為替レートを思い浮かべるのではないだろうか。しかしながら，外国為替の本来の意味は別のところにある。

　外国為替とはもともと内国為替と対になる用語である。遠隔地にいる相手に現金を輸送せずに送金する手段のことを為替と呼び，そのうち，東京・大阪間など国内の送金に利用される為替を内国為替，東京・ニューヨーク間など国境（または異なる通貨圏）をまたぐ送金に利用される為替を外国為替という。外国為替には必ず異種通貨の交換，すなわち外国為替取引が必要になる。この外国為替取引における通貨と通貨の交換比率が外国為替レート（外国為替相場）であり，単に為替レート（為替相場）ともいう。

　外国為替の例として，京都の機械メーカーA社がデトロイトの自動車メーカーB社に工作機械を輸出し，ドル建ての輸出代金を輸出手形で取り立てる場

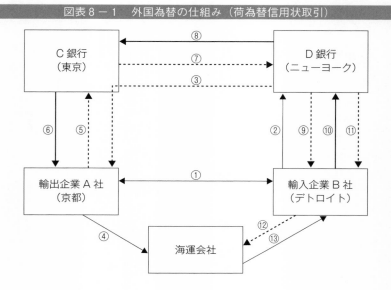

図表8－1　外国為替の仕組み（荷為替信用状取引）

合を考えよう（**図表 8 - 1**）。

　A 社は東京の C 銀行に，B 社はニューヨークの D 銀行にそれぞれ当座預金口座を保有している。A 社と B 社が貿易契約を締結すると（図の矢印①），B 社は取引銀行 D に対して信用状の発行を依頼する（②）。信用状とはこの場合 B 社の支払い能力を D 銀行が保証する証明書である。D 銀行は信用状を発行し，C 銀行を介して A 社に送付する（③）。A 社は信用状を確認した上で，工作機械を船積みする（④）。A 社はドル建ての輸出手形を振り出し，それに信用状と船積書類を添えて C 銀行に呈示し，買取りを依頼する（⑤）。船積書類とは船荷証券や海上保険証券を含む書類一式である。C 銀行は輸出手形を買い取り，A 社に円貨を支払う（⑥）。さらに，C 銀行は輸出手形と船積書類を D 銀行に送付する（⑦）。それを受けて D 銀行は C 銀行のコルレス口座（コルレス勘定については後述）にドル代金を入金する（⑧）。そして B 社に輸出手形を呈示し（⑨），手形の額面金額（ドル建て）を B 社の預金口座から引き落とす（⑩）。B 社は D 銀行から船積書類を受け取り（⑪），船荷証券を海運会社に呈示して（⑫），商品の工作機械を受け取る（⑬）。

　以上が輸出手形を利用した貿易決済の基本的な流れである。東京の C 銀行が A 社からドル建て輸出手形を買い取り，円貨を支払う際に，為替レートで円建ての買取り金額を決定する。この際に適用される為替レートは，電信買い相場（T.T.B.）に C 銀行が D 銀行からドル貨の払込みを受けるまでの期間の利子を上乗せしたレート（A 社にとって不利なレート）になる。

　また，上記の輸出手形は債権者（輸出企業）が債務者（輸入業者）から代金を取り立てるために振り出されている。これを取立為替という。資金の流れ（債務者→債権者）と為替手形の流れ（債権者→債務者）が逆なので，逆為替ともいう。貿易決済では逆為替が多く用いられる。これに対し，債務者が（約束）手形を振り出し債権者に送金する方法を送金為替（ないし並為替）という。サービス貿易や国際金融取引の決済では並為替が一般的と言われている。

(2)　国際決済と国際通貨

　さて，図表 8 - 1 では B 社の A 社に対する決済は最終的にニューヨークの D 銀行にある C 銀行のドル預金口座への入金という形で決済されている。国

内の預金決済（口座振込，手形決済など）が最終的には銀行間決済によって完了することを思い出そう（第1章参照）。同様に，民間非金融部門同士の国際決済も最終的には銀行間決済によって完了する。

　違うのは，国内の銀行間決済が中央銀行当座預金間の振替によって行われるのに対し，国際銀行間決済は「世界中央銀行」が存在しないため決済通貨国（上の例では米国）の民間銀行内の預金口座への入出金をもって行われる点である。図表8-1のC銀行とD銀行はあらかじめコルレス契約を結んでいる。コルレス契約とは貿易手形や信用状発行を相互に行うことを約束する取決めである。D銀行内にC銀行のドル預金口座（コルレス勘定）を開設し，手形・電信為替決済に伴うドル資金の受払いをコルレス勘定への入出金をもって行うのである。

　通貨（ないし貨幣）には決済手段，価値尺度，価値貯蔵手段の3機能がある。国民通貨とは，一国内の財・サービス取引および金融取引においてこの3機能を果たすものである[1]。同様に，国際貿易や国際金融取引において貨幣の3機能を果たす通貨を国際通貨と呼ぶ。

　国際通貨は民間取引と公的取引の両面で通貨の3機能を果たしている。米国のテレビ局が日本からアニメ放映権を100万ドルで購入する契約を交わした場合，ドルは契約通貨として使用されている。このように貿易契約に記載される通貨を契約通貨と呼ぶ。一方，輸入決済に使用する通貨を決済通貨と呼ぶが，大抵の場合，決済通貨は契約通貨と同じである。しかし，なかには両者が一致しない場合もある。米国のテレビ局が100万ドル相当の支払いを円で行う場合，契約通貨はドルだが，決済通貨は円となる。

　日本や中国の通貨当局（財務省と中央銀行）はドル建ての米国債を大量に外貨準備として保有している（外貨準備については後述）。このように通貨当局が外貨準備として選択する通貨を準備通貨と呼ぶが，準備通貨は公的部門の価値貯蔵手段として機能している。準備通貨には，他通貨に対する価値が安定している通貨，流動性の高い通貨が選ばれる。

　先ほどのコルレス契約の説明から明らかなように，国際通貨による資金決済は最終的には国際通貨発行国内にある民間銀行の預金口座間の振替で完了する。

(3)　外国為替市場

　外国為替市場には多様なプレーヤーが参加する。なかでも最大のプレーヤーが銀行である。銀行を中心にして，外国為替取引は銀行間取引（インターバンク取引）と対顧客取引に分類される。銀行間取引は銀行・証券会社が互いに通貨の売買を行うもの，対顧客取引は銀行・証券会社が顧客の注文に応じて通貨を売買するものである。主な顧客は，商社・メーカーなどの大手輸出入企業，保険会社・年金基金・ヘッジファンドなどの機関投資家である。

　銀行間取引で成立する為替レートを銀行間レート（インターバンク・レート），対顧客市場で成立する為替レートを対顧客レートという。新聞やテレビで報道される為替レートは銀行間レートである。対顧客レートは銀行が設定し，銀行間レートに手数料を上乗せした水準になる。たとえば，銀行間レートが1ドル100円とすると，対顧客電信売り相場（T.T.S.）は1ドル101円，対顧客電信買い相場（T.T.B.）は1ドル99円に設定される。T.T.S. は私たちが円預金をドル預金に振り替える際に，T.T.B. はドル預金を円預金に振り替える際に適用される為替レートである。電信売り相場の「売り」とは，銀行から見て外貨を売るという意味である。銀行が顧客との間でドル現金を売り買いする際には，銀行間レートに±2円程度手数料を上乗せした為替レートが適用される。このように，銀行は銀行間市場で仕入れた通貨を顧客に対して手数料を上乗せして売却していることから，銀行間市場は通貨の卸売市場，対顧客市場は通貨の小売市場と位置付けられる。ただ最近は電子トレーディング・システムの普及により，顧客が銀行間市場に直接参加する取引が増加している。

　銀行間レートがニュースで報道されるとき，1ドル80.55円−80.60円のようにレートが二つ併記される。このうち外貨の値が低いほう（この場合の80.55円）をビッド（Bid）・レート，高いほうをオファー（Offer）・レートと呼ぶ。ビッド・レートはドルの買い指値のうちの最高値，オファー・レートはドルの売り指値のうちの最安値である。

　また，為替レートには1ドル100円と1円0.01ドルという二通りの表示方法がある。前者を自国通貨建て（邦貨建て）為替レート，後者を外貨建て為替レートという。両者の違いはいずれの通貨を基準に考えるかに過ぎず，どちらで表記しても交換レートは同じである。

　近年，外国為替市場では，電子取引の拡大，銀行間取引のシェア低下という構造変化が進んでいる。電子取引は電話を介さずコンピュータ・システム上で受発注を行うもので，すでに世界の外為取引の6割を占めている（2013年4月時点）。電子取引は，銀行間市場においてディーラーの売買注文をコンピュータ上に集めて仲介する電子ブローキング・システムと，対顧客市場において顧客の売買注文と銀行のビッド・オファー値の呈示をコンピュータ上で行う電子トレーディング・システムに大別される。最近は，大口の顧客であるヘッジファンドが電子ブローキング・システムに直接参加して取引するようになっている。また，欧米の銀行を中心に，電子トレーディング・システムに集まった顧客の売り注文と買い注文を銀行内で付け合わせ約定させる「マリー」が増加した結果，銀行の持ち高調整の必要性が低下したため，銀行間取引のシェアが減少している。この他，コンピュータ・プログラムが自動的に発注を行うアルゴリズム取引や，少額の売買を秒単位で繰り返す高頻度取引も増加している。

(4)　先渡し取引と為替スワップ取引

　外国為替取引には直物（スポット，Spot）取引と先渡し（フォワード，Forward）取引がある。直物取引は取引成立後即通貨の交換を実行する取引である。銀行間取引においては取引の2営業日後に通貨の受渡しを行う。直物市場で成立する為替レートを直物為替レート（スポット・レート）といい，ニュースで報道される為替レートは直物レートである。先渡し取引は一定期間後にあらかじめ定めた為替レートで為替取引を行うことを現時点で契約する取引である。先渡し取引であらかじめ約束する為替レートを先渡し為替レート（フォワード・レート）と呼ぶ。

　先渡し為替取引の目的は，将来の為替レート変動により蒙る損失を一定範囲内に止めることである。たとえば，3カ月後に輸入代金100万ドルを支払う予定の輸入業者にとって，3カ月後の直物為替レートが1ドル100円となれば円建ての輸入コストは1億円で済むが，1ドル120円となれば1億2,000万円に膨らんでしまう。輸入業者が為替変動に伴う円建て輸入代金の増加をできるだけ抑えたいと思えば，現時点で1ドル105円の先渡し為替レートで先物予約を行うことで，1ドル105円以上に3カ月後の直物レートが円安ドル高になった場

合の支出増加を回避できる。

　直物取引や先渡し取引を単独で行うことをアウトライト（Outright）取引という。それに対し，直物の円売り外貨買いと先渡しの円買い外貨売りを組み合わせて行うことを為替スワップ（Swap）取引という。現在，世界の外国為替市場ではアウトライトの直物取引と並んで，為替スワップ取引の規模が圧倒的に多い。これは内外金利差と直先スプレッド（直物為替レートと先渡し為替レートの差）の乖離を狙った金利裁定取引が活発に行われているためと考えられる（第3節(2)を参照）。

　先渡し為替取引と類似のものに通貨先物（フューチャーズ）がある。通貨先物も先渡し取引と同様，将来の一定期日に事前に約束したレートで為替取引を行うことを取り決める取引である。先渡し取引は相対取引で行われ，取引ごとに，金額，期間等が異なるのに対し，通貨先物は取引所に不特定多数の投資家が参加して行う市場型取引で行われ，取引単位，期間，限月（将来の為替取引日）が標準化されている。また，反対売買による期日前の差額決済が可能なことも，通貨先物の特徴である。

(5)　通貨オプション

　将来のある期間（時点）にあらかじめ決められた条件で金融資産を売買できる権利を売買する取引をオプション取引と呼ぶ。株式，国債，通貨のオプション取引が代表的である。資産を買う権利をコール・オプション，売る権利をプット・オプションという。通貨オプション取引とは，一定期間内にあらかじめ決められた為替レートである通貨を買う権利または売る権利を売買する取引である。

　ドルのコール・オプションの買い手は，一定期間内にたとえば1ドル100円でドルを買う権利を，オプションの売り手にオプション料を支払うことで購入する。権利行使可能期間内に直物為替レートが1ドル100円よりドル高になれば，オプションの買い手は権利を行使することで利得を得る。仮にオプション料を5円とすると，為替レートが1ドル105円よりドル高であれば買い手は権利行使によって純利益を得ることができ，利得の大きさは為替レートがドル高になればなるほど大きくなる。たとえば，1ドル110円の時に権利行使すれば，

１ドル100円で購入した１ドルを直物市場で売ることで10円（＝110円－100円）の利益を得，オプション料５円を差し引いてもなお５円の利益が残る。また，為替レートが１ドル105円以下であっても，１ドル100円以上であれば，権利を行使することで投資したオプション料の一部を回収できるため，権利を行使することが最適となる。

　逆に，ドルのプット・オプションの場合，円ドル相場が権利行使価格を越えてドル安になればなるほど，買い手が得る権利行使による利得は大きくなる[2]。

第２節　国際収支

(1)　国際収支統計

　国際収支とは，１カ月，３カ月，１年など一定期間の間に，一国の居住者が非居住者との間で行った経済取引の記録のことである。居住者とは住所や事務所所在地が国内にある個人・法人を指し，反対にそれらが国外にある個人・法人を非居住者と呼ぶ。国籍とは異なる概念であることに注意しよう。

　日本の国際収支統計は財務省が作成しており，国際通貨基金（International Monetary Fund，以下 IMF）の作成マニュアルに準拠している。IMF が国際収支マニュアルを第６版に改訂したことを受け，わが国の国際収支統計も2014（平成26）年１月分以降，大幅に改定された。以下では新統計に沿って説明する。

　国際収支統計は経常収支，資本移転等収支，金融収支，誤差脱漏の４項目からなる（**図表８－２**）。特に重要なのが経常収支と金融収支である。

　経常収支は，非居住者との間の財・サービス取引に伴う資金受払いの差額を集計したもので，輸出入の差額である貿易・サービス収支，外国との間の雇用者報酬および利子・配当金の受払い差額である第一次所得収支，および労働者送金や国際機関分担金など財貨・金融資産の無償提供の受払い差額である第二次所得収支で構成される。貿易・サービス収支はさらに，自動車・電化製品・原油など財の輸出入の差額である貿易収支，海上航空輸送・旅行・特許料などサービスの輸出入の差額であるサービス収支に分類される。いずれも，外国からの受取金額が外国への支払金額を上回った場合を黒字，逆の場合を赤字と呼

図表8－2　国際収支の構成項目

項目			内容
経常収支	貿易・サービス収支	貿易収支	財の輸出・輸入
		サービス収支	サービスの輸出・輸入
	第一次所得収支		雇用者報酬，利子・配当金の受払
	第二次所得収支		労働者送金の受払，国際機関分担金
資本移転等収支			債務免除など
金融収支	直接投資		海外子会社設立，企業買収
	証券投資		株式・債券投資
	金融派生商品		先物取引の差損益，オプション料など
	その他投資		預金，銀行貸付，貿易信用
	外貨準備		通貨当局保有の米国債や金など
誤差脱漏			統計上の誤差

ぶ。たとえば，ある期間について，日本の財の輸出額が10兆円，輸入額が13兆円のとき，日本の貿易収支は3兆円の赤字となる。

　金融収支は，外国との間の金融資産取引の収支であり，直接投資，証券投資，金融派生商品，その他投資，外貨準備の5項目からなる。直接投資は企業が外国に現地法人や工場を設立することや外国企業を合併・買収（M&A）することをいう。証券投資には民間主体による株式・債券投資が，金融派生商品には先物取引の投資差益やオプション料が，その他投資には銀行融資・貿易信用など直接投資・証券投資・金融派生商品・外貨準備に分類されない金融取引すべてが計上される。なお，直接投資は外国企業の株式取得を伴うため，証券投資との区別がつきにくい性格を持つ。そこで，株式投資のうち，結果として投資先企業の発行済み株式総数の10％以上を取得する場合を直接投資，それ以外を証券投資に分類している。

　外貨準備（Foreign Exchange Reserve）は政府・中央銀行が国際決済に備えて保有する外貨建て資産のことである。日本政府が円高進行を阻止するために外国為替市場で円売りドル買い介入を行うことがあるが，その結果政府保有のドル建て資産（大半が米国債）が増加するため，外貨準備は増加する。このよ

うに，今日では自国通貨売り為替介入の所産として外貨準備が保有されている
面が強い。しかし，第二次大戦後のブレトンウッズ体制下では，世界各国は自
国通貨の価値を米ドルに対して固定する固定為替相場制を採用していたため，
各国は外貨売り自国通貨買い介入に備えて，一定の外貨準備を保有していた。

　金融収支の各項目については，対外資産の取得および対外債務の返済をプラ
ス符号，対外資産の売却および対外債務の増加をマイナス符号で表記する。こ
れはIMFマニュアル第6版への改訂により以前の表記法から変更された点で
あり，一定期間における対外資産の取得が対外債務の増加を上回った場合を金
融収支の黒字，逆の場合を金融収支の赤字と呼ぶように変更された。たとえば，
ある年の，居住者による対外直接投資が50兆円，非居住者による対内直接投資
が30兆円であれば，直接投資収支は20兆円の黒字となる。通念的には，輸出が
輸入を上回る，すなわち貿易収支黒字は，稼いだ金額が支払った金額を上回っ
ているため良いというイメージが強いと考えられる。同様に，対外資産の取得
額が対外債務の増加額を上回ることは貸した金が借りた金を上回ることだから
良いというイメージが強い。今回の定義変更はこのイメージに合わせたものと
考えられる。

　以前の国際収支統計では対外資産の取得が対外負債の増加を上回るときを金
融収支赤字，逆に対外負債の増加が対外資産の増加を上回るときを金融収支黒
字と呼んでいた。これは資金の出入りに基づく定義で，一定期間に外国から
入ってきた金額が外国へ出ていった金額を上回る場合を黒字，逆の場合を赤字
としていた。貿易黒字・赤字もこの定義に当てはまる。しかしながら，旧定義
による金融収支黒字・赤字は，一般には理解されにくかった（たとえば，外貨
準備の増加がマイナス表記されるなど）。以前の国際収支統計やそれに基づく
文献を利用する際はこの点に注意が必要である[3]。

　国際収支表は複式簿記の原則に則って作成される。一つの経済取引が発生す
ると，必ず貸方と借方に両建てで取引が記録される。貸方には財・サービスの
輸出，所得の受取り，資産の減少，負債の増加を記録し，借方には財・サービ
スの輸入，所得の支払い，資産の増加，負債の減少を記録する。たとえば，日
本の自動車メーカーがフランスに総額5億ユーロの輸出を行い，その売り上げ
5億ユーロをフランスの銀行口座への入金という形で受け取り，そのまま預金

したとしよう。この取引は，国際収支表の貸方に「輸出　＋5億ユーロ」，借方に「預金　＋5億ユーロ」と記録される。また，日本政府が外国為替市場で1兆円の円売りドル買い介入を行えば，借方に「外貨準備　＋1兆円」，貸方に「証券投資　－1兆円」と記録される。円売りドル買い介入は，政府が民間金融機関からドル建て資産を購入するものなので，民間金融機関が保有していたドル建て資産が減少することになる。

　複式簿記の原則より，国際収支表では次の恒等式が成立する。

$$\text{経常収支} + \text{資本移転等収支} - \text{金融収支} + \text{誤差脱漏} = 0 \tag{1}$$

資本移転等収支と誤差脱漏は無視できるとみなせば，この関係は「経常収支＝金融収支」という関係に等しい。この点は次節でさらに深く考察する。

(2)　対外純資産と経常収支

　一国全体でみると，対外資産（非居住者に対する債権）と対外負債（非居住者に対する債務）を両建てで保有している。一国経済は企業・家計・政府の集合体であり，企業・家計は基本的に資産と負債を両建てで保有するので，当然といえば当然である。たとえば，家計は預金や住宅という資産を保有する一方，自動車ローンや住宅ローンという負債を抱えている。一国の対外資産と対外負債の差を対外純資産と呼ぶ。正の対外純資産を保有する国（対外純債権国）があれば，その裏側には必ず負の対外純資産すなわち対外純債務を抱える国（対外純債務国）が存在する。

　経常収支黒字は一国が当該期間に対外純資産を積み増したこと意味する。なぜなら，経常黒字とは当該期間に経常黒字額を外国に対してネット（純額）で貸し付けたことと同義だからである。この点を理解するために，経常収支がゼロの状態を考えよう。経常収支がゼロということは，輸入や外国に対する利子・配当支払いに充てる金額が輸出および外国からの利子・配当収入の合計額に一致している状態である。したがって，仮に経常収支が黒字であれば，輸入と外国に対する利子・配当支払いの総額以上に輸出と外国からの利子・配当の受取りによる収入があるはずであり，余った収入は外国資産の購入に充てる以外にない。つまり，

$$経常収支黒字＝金融収支黒字 \tag{2}$$

という関係が常に成り立つ（ここでは資本移転等収支と誤差脱漏はゼロと想定
する）。また，

$$期末の対外純資産＝期首の対外純資産＋金融収支黒字 \tag{3}$$

という関係より，

$$期末の対外純資産－期首の対外純資産＝経常収支黒字 \tag{4}$$

が導出される。

　(4)式より，長年経常黒字を出している国は対外純資産を積み上げ，逆に長年
経常赤字を出している国は対外純債務を膨らましていることが分かる。前者の
代表が日本，中国であり，後者の代表が米国，英国である。対外純資産の蓄積
は第一次所得収支黒字を拡大させる。第一次所得収支とは「外国からの利子・

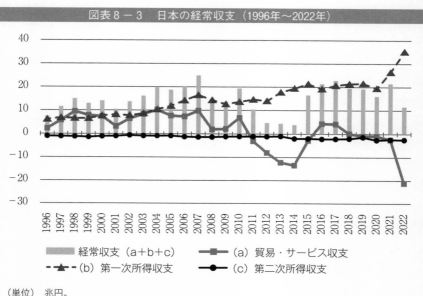

図表8－3　日本の経常収支（1996年〜2022年）

（単位）　兆円。
（出所）　財務省『国際収支統計』より作成。

配当の受取り－外国への利子・配当の支払い」にほぼ等しいため，対外資産（居住者保有の外国債券・株式）が増えればそこから発生する利子・配当所得も増えるからである。**図表8－3**に示したように，日本の貿易・サービス収支は2011～15年と2019～22年に赤字化し，赤字額が急拡大したこともあったが，それでも経常収支黒字は維持されてきた。これは，対外純資産の蓄積によって大幅な第一次所得収支黒字を計上しているからである。

　なお，日本の対外資産・負債の統計は財務省の「本邦対外資産負債残高」に集計されている。

第3節　為替レートの決定理論

　為替レートは株価と並んで変動（ボラティリティ）の大きい資産価格である。そのため，為替レートがどのような要因によって決まるか，どの水準に決まるか，というのは専門家だけでなく広く世間の関心の的となってきた。本節では為替レートの決定理論として代表的なものを紹介する。

(1)　購買力平価説

　はじめに一物一価の法則（Law of One Price）を紹介する。一物一価の法則とは，財の輸送費用や税など取引費用が一切かからないとすれば，同一財の価格は販売される地点に関係なく同一になる，という考え方である。ある財が大阪では1万円，東京では1万2,000円で販売されているとする。この財を大阪で1万単位購入し，東京ですべて販売すれば，2,000万円の利益が上がる。そのため，大阪ではこの財に対する需要が増加，東京では供給が増加し，大阪の価格は上昇，東京の価格は下落する。やがて大阪と東京の価格が（たとえば1万1,000円で）一致すれば，2地点の価格差を利用して利益獲得を狙う動きはなくなる。このように，異なる地点（市場）間の財（商品）の価格差を利用して利益を獲得する行動を商品裁定という。つまり，一物一価の法則とは，商品裁定が働く状況の下では財の価格は販売地点に関わらず均等化する，という仮説である。

　一物一価の法則は複数の国で販売される財についても適用できる。国境をま

たぐ財の輸送や取引についても費用や税が一切かからないと仮定しよう。第 k 財の日本の国内価格を P_k 円，米国内での価格を $P_k{}^*$ ドル，邦貨建て為替レートを1ドル e 円とおくと，一物一価の法則は次の関係が成り立つと説く。

$$P_k = eP_k{}^* \tag{5}$$

　(5)式がすべての財について成立するとすれば，個別財価格を一般物価に置き換えても同様の関係が成り立つ。すなわち，日本の物価を P 円，米国の物価を P^* ドルとすると，

$$P = eP^* \tag{6}$$

が成立する。この(6)式の関係を購買力平価（Purchasing Power Parity, PPP），2国の物価水準と為替レートの間に(6)式のような関係が成り立つと考える仮説を購買力平価説と呼ぶ。

　購買力平価説は，ある通貨の購買力が国内国外を問わず同一になるところに為替レートが動くとみなす考え方でもある。日本国内において1万円で購買可能な財の数量より，1万円を市場為替レートでドルに交換し，そのドルを使って米国内で購買可能な財の数量の方が多ければ——すなわち，1万円の日本国内での購買力が米国での購買力を下回れば——米国で財を購入したほうが得なので，外国為替市場ではドルの需要が増加する。その結果，為替レートは円安ドル高に動く。円安ドル高は1万円のドル換算金額を少なくするため，1万円の米国での購買力は低下する。やがて，1万円の米国での購買力が日本国内での購買力に等しくなるところまで円がドルに対して減価し，この動きは止まる。逆に円の国内での購買力が米国での購買力を上回った場合も同様である。このように考えれば，次の関係が成り立つはずである。

$$\frac{1}{P} = \frac{1}{eP^*} \tag{7}$$

左辺が1円の日本国内での購買力，右辺が1円の米国での購買力である。(7)式は(6)式の両辺を互いに移項したもので，両者は同じ式である。(7)式の e と P をそれぞれ移項すると，

$$e = \frac{P}{P^*} \tag{8}$$

を得る。(8)式は名目為替レートが自国と外国の物価水準の比で決まると説く。(7)式が示すように、(8)式の名目為替レートは自国通貨（ないし外国通貨）の自国と外国における購買力を均等化している。このことから、(8)式の為替レート、すなわち(6)式を満たす為替レートを購買力平価と呼ぶ。

　しかしながら、実際の統計を利用して(8)式の購買力平価を算出することは難しい。なぜなら各国の物価統計は指数値で発表されるからだ。そのため、購買力平価を求める際は(8)式を変化率に直した次の式を用いる。

$$\frac{\Delta e}{e} = \frac{\Delta P}{P} - \frac{\Delta P^*}{P} \tag{9}$$

Δ付きの記号は当該変数のある期間（たとえば 1 年）の変化を示す。(9)式に従えば、ある期間の自国通貨の減価率は、同期間の自国の物価上昇率（インフレ率）と外国の物価上昇率（インフレ率）の差で決まる。たとえば、日本は1990年代後半以降、諸外国に比べ物価低落（デフレ）傾向にあるが、相対的購買力平価に従えば、日本のデフレは円高要因となる。購買力平価を自国と外国のインフレ率格差で定義する(9)式の考え方を相対的購買力平価（Relative PPP）と呼び、それに対して物価水準格差で定義する(6)〜(8)式の考え方を絶対的購買力平価（Absolute PPP）と呼ぶ。

　絶対的購買力平価はいくつかの理由で現実には成立しないと考えられる。第一に、非貿易財の存在である。国民が消費する財には自動車、電化製品などの貿易財だけでなく、交通、教育など通常は貿易されない財（主にサービス財）、すなわち非貿易財が多数含まれる。非貿易財については国際的な商品裁定が働かないため一物一価は成り立たない。したがって、一般物価に非貿易財価格が含まれるかぎり、絶対的購買力平価からの乖離が生じる[4]。

　第二は、国民が平均的に消費する財の集合（消費バスケット）が国によって異なることである。日本では米や味噌の消費量が多い一方、米国ではハンバーガーやピザの消費量が多いであろう。また、納豆は日本では消費されるが、米

国ではほとんど消費されない。したがって、⑹式のPとP^*の背後にある消費バスケットが異なるため、たとえ貿易財すべてについて一物一価が成り立つとしても、⑹式の等号が成立する必然性はないといえる。

　第三は、貿易財を世界市場に供給するグローバル企業が市場別の価格設定を行うため、貿易財自体に一物一価が成立しないことである。自動車など製造業では、少数の大手企業が世界市場における販売シェアの大部分を占める寡占状態にある。寡占企業は価格支配力を持つため、市場（国）の需要特性に応じて価格を設定し、世界市場全体で利潤最大化を図っている。これを市場別価格設定（Pricing to Market）と呼ぶ。日本の輸出メーカーの国内向け価格と米国向け価格が当初一物一価の状態にあったとし、円相場が10％円高ドル安に振れたとしよう。ドル価格が一定だと米国向け輸出からの円建て収入が10％減少することになるが、それでも輸出メーカーは米国市場でのシェア維持を重視してドル価格を据え置く場合がある。このとき一物一価は成立しなくなる。

　このように絶対的購買力平価の成立を阻害する要因はいくつも考えることができる。しかし、それでも、相対的購買力平価は十分に成り立つと考えられる。非貿易財の存在を考慮するにしても、貿易財について一物一価が成り立つのであれば、貿易財物価の上昇率格差を反映して為替レートも変動するからだ。また、消費バスケットを構成する貿易財の組み合わせが国によって違うとしても、消費バスケットが時間とともに大きく変化しないのであれば、自国と外国の消費バスケットに共通する財の相対価格変動に応じて為替レートは動くであろう。

　相対的購買力平価説は為替レートの短・中期的変動（日々の変動から10年以内の変動）に対しては説明力が弱いものの、長期的変動（10〜20年の変動）に対しては一定の説明力を持つと考えられている。

(2)　金利平価説

　購買力平価説は財市場均衡による為替レートの決定を重視する理論であった。次に資産市場の働きを重視する理論、なかでも、2国間の金利裁定取引によって為替レートの動きを説明する金利平価説を取り上げる。

①　カバー付き金利平価

　金利裁定取引とは異なる金融資産間の金利差を利用して利益獲得を目指す取引のことである。たとえば，現在の直物為替レートが1ドル100円，3カ月物の先渡し為替レートが1ドル102円，東京とニューヨークの銀行間市場の3カ月物金利がそれぞれ1％と2％であるとする。このとき，東京銀行間市場において3カ月物で100億円借入れ，即座に直物為替市場で1億ドルに換えると同時に，3カ月の先渡し為替市場で1.02億ドルのドル売り円買い契約を結ぶとする。直物市場で手に入れた1億ドルをニューヨーク銀行間市場において3カ月物で運用し，3カ月後に先渡し契約が履行されると104億400万円（＝1.02億ドル×102円／ドル）を手にする。東京銀行間市場での借入元本と利子の合計101億円を返済しても，手元にはなお3億400万円が残る。つまり，元手ゼロから確実に約3億円もの利益を上げることができる。

　もしこのような状況が生まれれば，銀行のディーラーは一斉に東京銀行間市場での資金調達，直物の円売りドル買いと先渡しのドル売り円買い，ニューヨーク銀行間市場での資金運用を行うであろう。その結果，東京銀行間金利の上昇，直物円相場の下落，先渡し円相場の上昇，ニューヨーク銀行間金利の下落（の少なくとも一つ）が起こる。最終的にこの動きは，円で資金を運用した場合と円をドルに換えて資金運用した場合の収益率が均等化するまで続くはずである。

　したがって，円金利（小数点表示）をi，ドル金利を$i^{*(5)}$，直物為替レートを1ドルe円，先渡し為替レートを1ドルf円とすると，

$$1+i = (1+i^*)\frac{f}{e} \tag{10}$$

が成立する。この等式は，一定の条件の下で，次の関係に近似できる[6]。

$$i-i^* = \frac{f-e}{e} \tag{11}$$

　右辺は先渡しレートと直物レートの乖離を直物レートに対する比率で表した数値，すなわち直先スプレッドである。直先スプレッドがプラスの状態をドル

（外貨）の円に対するフォワード・プレミアム，マイナスの状態をドル（外貨）のフォワード・ディスカウントという。(11)式は，金利裁定が働くかぎり，直先スプレッドは内外金利差に等しくなることを示している。逆に言えば，もし直先スプレッドが内外金利差と乖離することがあれば，その瞬間には裁定取引によって確実に投資差益を得ることができる。(10)ないし(11)式の関係をカバー付き金利平価（Covered Interest Rate Parity）と呼ぶ。リスクの一切ない（リスクに蓋をした）金利裁定取引によって成立する関係だからである。

②　カバーなし金利平価

投資家が先渡し取引を利用せずに金利裁定取引を行うと考えた場合，理論的には次の関係式が成立する。

$$1+i = (1+i^*)\frac{Ee}{e} \tag{12}$$

Ee は期待為替レート，すなわち将来の直物為替レートの期待値である（1ドル Ee 円）。(12)式の等号が成立せず，左辺＜右辺が成立しているとき，東京銀行間市場で円資金を調達し，直物為替市場でドル資金に換えてニューヨーク銀行間市場で運用すれば利益を上げることができる。金利 i で調達した1円を直物市場で $1/e$ ドルに換え，1期間運用して $(1+i^*)/e$ ドルに増やし，1ドル Ee 円で円に戻せば $(1+i^*)Ee/e$ 円になる。このうち元利合計 $1+i$ 円を返済してもなお差額分が手元に残る。したがって，直物市場での円売りドル買い，東京銀行間市場での円資金需要，ニューヨーク銀行間市場でのドル資金供給がそれぞれ増加し，直物円相場の減価，円金利の上昇，ドル金利の下落（の少なくとも一つ）が起こる。この動きは(12)式の等号が成立するまで続くはずである。逆に，左辺＞右辺が成立したときも同様に考えることができる。

このように，(12)式はカバー付き金利平価式(10)式と同様，内外資産間の無裁定条件（金利裁定取引がそれ以上行われないための条件）である。しかしながら，(12)式の右辺は投資時点における外貨建て資産の期待収益率であって，確実に実現するものではない。つまり，外貨建て運用の為替リスクは除去（カバー）されていない。そのため，(12)式をカバーなし金利平価（Uncovered Interest Rate

Parity）と呼ぶ。

⑿式は次の式に近似できる（考え方は⑾式と同じ）。

$$i - i^* = \frac{Ee - e}{e}$$

⒀

カバーなし金利平価条件に従えば，内外金利差には自国通貨の期待減価率が反映される。金利が相対的に低い国の通貨は，将来にかけて為替レートが上昇（増価）すると期待されなければ誰も投資しないからである。

　また，期待為替レートを所与とすると，⑿式は直物為替レートの決定式と読むことができる。⑿式を次のように変形しよう。

$$e = \frac{1 + i^*}{1 + i} \times Ee$$

⒁

　⒁式より，以下のことが言える。自国金利の外国金利に対する相対的上昇は自国通貨の増価を，相対的下落は自国通貨の減価をもたらす。ここで，為替レートを動かすのは自国金利の外国金利に対する相対的変化であり，自国金利が変化すれば必ず為替レートが動くというわけではないことに注意しよう。たとえば，円金利が下落したとしても，同時にドル金利も同程度下落し，$(1 + i^*)/(1 + i)$ に変化がなければ，円ドル・レートは変化しない。

　また，期待為替レートの変化は即時的に直物為替レートに反映される。投資家の間で「将来，円がさらに10％増価する」という予想が支配的になれば，その時点の直物為替市場において円が10％増価するのである。

　ただし，⑿式の成立にはリスク中立的な投資家（危険中立者）の仮定が必要である。皆さんは円預金金利よりブラジル・レアル建て預金金利が高いからと言って，無条件にレアル建てで預金するだろうか。将来レアルが予想以上に減価するリスクを恐れて，二の足を踏まないだろうか。投資家が投資対象となる資産を比較考量する際，資産の期待収益率だけでなくリスク（収益率の振れの大きさ）も考慮するのが一般的であろう。しかし，仮に投資家が投資リスクを一切考慮せず，期待収益率の大小だけを基準に投資対象を選択するとすれば，⑿式のように円建て資産と外貨建て資産の期待収益率は均等化する。このよう

にリスクを考慮しない投資家のことをリスク中立的投資家と呼ぶ。

　現実には，多くの投資家はリスク回避的（危険回避者）である。リスク回避的な投資家は，外貨建て資産に投資する際には為替リスクを負うことに対する対価，すなわちリスク・プレミアムを要求する。したがって，リスク回避的な投資家を仮定すれば，⑿式の金利平価条件は外貨建て資産の期待収益率がリスク・プレミアムの分だけ自国通貨建て資産の期待収益率を上回る関係に修正される[7]。

(3)　伸縮価格マネタリー・アプローチ

　購買力平価説は財市場の需給均衡のみに着目していた。しかしながら，金利平価説が説くように為替レートは財の相対価格だけでなく金融資産（預金，債券，株式など）の相対価格にも影響する。逆に言えば，為替レートは財市場だけでなく金融・資本市場の状況にも影響されて変動する。そこで次に，購買力平価説に資産市場（貨幣市場）の均衡を加味して為替レートの変動を説明するマネタリー・アプローチ（Monetary Approach）を紹介しよう。

　自国と外国の貨幣市場均衡条件は次の2式で表現できる（第3章を参照）[8]。

$$\frac{M}{P}=L(i, Y) \tag{15}$$

$$\frac{M^*}{P^*}=L(i^*, Y^*) \tag{16}$$

それぞれ左辺が実質貨幣供給，右辺が実質貨幣需要である。実質貨幣需要は名目金利の減少関数（資産需要），実質所得の増加関数（取引需要）とする。この2式と絶対的購買力平価(8)式より P と P^* を消去すれば，次式を得る。

$$e=\frac{M}{M^*}\times\frac{L(i^*, Y^*)}{L(i, Y)} \tag{17}$$

　⒄式が伸縮価格マネタリー・アプローチに基づく為替レート決定式である。ここでは価格が伸縮的な経済を仮定している。財の需給の不均衡が発生すると，

即座に価格が動いて需給均衡が成立する経済である。(17)式に従えば，(a)自国の名目マネー・ストック成長率が外国に比べて高いほど，また(b)自国の実質貨幣需要成長率が外国に比べて低いほど，自国通貨は減価する。

(a)の背後に想定されているメカニズムを説明しよう。初期状態において，自国と外国の貨幣市場はともに均衡し，購買力平価も成立していたと仮定する。突如，自国中央銀行の金融緩和政策により，自国の名目マネー・ストックが恒久的に増加したとする。他の変数が一定と仮定すれば，自国貨幣市場では貨幣の超過供給が生じる。貨幣を必要以上に手にした家計と企業は消費と投資を増やそうとするため，自国財市場で財の超過需要が生じる。しかし，この財の超過需要は物価が即時的に上昇することで，すぐさま解消される。自国の物価が名目マネー・ストックの増加率と同じだけ上昇するのである。自国の物価上昇は自国財の相対価格を上昇させるため，商品裁定のための外貨需要の増加を通じて自国通貨が減価する。

また，(b)より，他の条件を一定とすると，自国の名目金利の低下および自国の実質生産量の増加は自国の実質貨幣需要の増加を通じて自国通貨の上昇（増価）を招く。背後に想定されるメカニズムは各自で考えてみよう。なお，伸縮価格マネタリー・モデルにおいて金利低下が為替レートに与える影響は，金利平価説と正反対になる。

(4)　硬直価格マネタリー・アプローチ

財価格の調整は資産価格の調整に比べ緩やかである。株価や為替レートといった資産価格は日々激しく変動するが，それに比べ物価はゆっくりと変動する。言い換えれば，資産市場は短期的に絶えず均衡しているが，財市場は中長期的にしか均衡しない。この点から，財市場均衡を仮定する購買力平価説は長期の理論，資産市場均衡を仮定する金利平価説は短期の理論といえる。また，伸縮価格マネタリー・アプローチは財市場と資産市場の同時均衡を仮定しつつも，価格伸縮性を仮定しているため，どちらかといえば長期の理論である。そこで最後に，為替レートの短期均衡から長期均衡への調整過程を考慮した理論として，硬直価格マネタリー・アプローチを紹介する。

(15)式において，短期的に物価が硬直的な場合，自国の名目マネー・ストック

の恒久的増加は貨幣の超過供給を生み，名目金利の低下を招く[9]。長期的には PPP が成立すると仮定すれば，長期的な期待為替レートは名目マネー・ストックの増加率と同じだけ減価する。自国金利の低下と期待為替レートの減価は，金利平価関係より現時点において名目為替レート減価を招く。このとき，為替レートは長期均衡水準を超えて減価する（オーバー・シューティング）。自国金利が外国金利を下回る以上，金利裁定関係より，「将来にかけて自国通貨が外国通貨に対して増価していく」という予想が働かなければならないからである。

　この仮説は1970年代に提唱され，1973年の変動相場制移行後の大幅な為替相場の変動を説明しうる仮説として注目された。

(5)　実質為替レート

　ここまで通貨と通貨の交換レートとしての為替レート，すなわち名目為替レート（Nominal Exchange Rate）について見てきた。しかし，為替レートと，国内生産量や雇用といった実体経済の変動の関係を考える上では，名目為替レートではなく実質為替レート（Real Exchange Rate）で考えることが重要である。企業の投資行動，家計の貯蓄行動を決定付けるのが名目金利ではなく実質金利であるように，企業の貿易・投資行動や家計の消費行動に究極のところで影響を与えるのは名目為替レートではなく実質為替レートだからである。

　次のような例を考えると分かりやすい。ある1年間に，ドルが1ドル200円から1ドル100円へと半値に減価する一方，原油価格が1バレル40ドルから80ドルへと2倍に上昇したとしよう。名目為替レートが円高ドル安になったという理由で原油の輸入量が増えるだろうか。おそらくほとんど増えないだろう。円建ての原油輸入価格は1バレル8,000円で変わらないからだ。このように，財・サービスの輸出入の数量は，名目為替レートだけでなく，内外の物価の動きにも影響される。

　実質為替レートとは，大雑把に言えば自国製品と外国製品の相対価格，正確には自国物価水準と外国物価水準の相対比として定義される。名目為替レートを1ドル e 円，日本の物価を P 円，米国の物価を P^* ドル，実質為替レートを q とすると，実質為替レートは，

$$q = \frac{eP^*}{P} \tag{18}$$

として与えられる。分子は米国の物価の円換算値，分母は日本の物価（円建て）であるので，実質為替レートとは日本の財と米国の財の相対価格といえる。q の上昇を実質為替レートで見た円の減価（自国通貨の実質減価），q の下落を実質為替レートで見た円の増価（自国通貨の実質増価）と呼ぶ。q の上昇すなわち円の実質減価は日本製品が海外製品に比べ相対的に安価になった状態であり，日本製品の価格競争力向上を意味する。国内外の消費者や卸売業者の意思決定に影響するのは国内製品と外国製品の相対価格である。したがって，貿易量に本源的に影響を与えるのは名目為替レートではなく実質為替レートである。

　また，一通貨の世界諸通貨に対する為替レートを加重平均したものを実効為替レート（Effective Exchange Rate）という。実効為替レートが円高であれば，円の価値が世界のあらゆる通貨に対して全般的に上昇していることを意味する。ドルに対して実質円安になり，日本製品の米国製品に対する価格競争力が改善したとしても，同時にユーロに対しては実質円高になっており欧州製品に対する日本製品の価格競争力が悪化していれば，日本の輸出額に対する円ドル相場変動の影響は小さいかもしれない。このように一国全体の輸出入量に対する為替レートの影響を分析するには，2 国間為替レートではなく，実効為替レートを観察することが適当である。

　次頁**図表 8 - 4** に1970年以降の円の実効為替レートの推移を示した。太線が名目実効為替レート，細線が実質実効為替レート（消費者物価ベース）である。1971年の金ドル交換停止以来，円の名目為替レートは長期的な増価トレンドを描き，円の他通貨との交換価値は40年間で約 5 倍に上昇してきた。しかし，実質為替レートで見ると，円の上昇トレンドは確認できない。この点は実質為替レートと購買力平価の関係を用いて説明できる。(8)式より，絶対的 PPP が成立するとき実質為替レートは 1 になる。輸送費用などの影響で絶対的 PPP が成立しないとしても相対的 PPP が成立するならば，実質為替レートは一定値を取る。長期的には商品裁定が作用して相対的 PPP が成立するとすれば，実

図表 8 − 4　円の実効為替レート（1970年 1 月〜）

名目実効為替レート指数　　　実質実効為替レート指数

（注）　月次平均。2020年＝100とする指数値。上昇が円の増価を意味。
（出所）　日本銀行「時系列統計検索サイト」より作成。

質為替レートは短期的な上下変動を繰り返しながらも，長期的に見れば一定水
準に収斂（しゅうれん）すると予想される。図表 8 − 4 の実質実効為替レートは指数値が90〜
110の範囲に長期的には収斂しており，購買力平価説と整合的である。

　また，円相場が名目為替レートで見て過去最高値を記録したのは2011〜2012
年であるが，実質為替レートで見ると同時期の水準は過去最高値を記録した
1995年水準より 3 割程度低かった。これは1990年代後半以降の日本のデフレ
（物価の持続的下落）を反映している。

　なお，実質為替レートの定義式を用いれば，カバーなし金利平価式(12)ないし
(13)式は実質金利と実質為替レートの関係に書き換えることができ，

$$1+r = (1+r^*)\frac{Eq}{q} \tag{19}$$

ないし，

$$r - r^* = \frac{Eq - q}{q} \tag{20}$$

と書ける。これらを実質金利平価式と呼ぶ。実質金利平価に従えば，実質為替レートは内外実質金利差と自国通貨の期待実質減価率が等しくなる水準に決まる。

【注】

(1)　欧州の共通通貨ユーロについては，国民というより国家共同体であるEU（の一部の）市民の通貨であるため，「国民通貨」という概念は少し古臭いかもしれない。

(2)　オプションに関するより詳しい説明は第7章を参照のこと。

(3)　この他，「資本移転等収支」は債務免除や無償資金協力等，対価を伴わない一方的な資産移転の受払い差額である。たとえば，自国政府が国債デフォルトを起こし外国の債権者から債務免除を受けた場合，金融収支の借方に負債の減少を記録すると同時に，資本移転等収支の貸方に債務免除の受取りを記録する。また，原理上は，経常収支，資本移転等収支，金融収支の総和がゼロになるはずであるが，外貨建て取引額を円換算して報告する際に当該取引が発生した月の月末の為替レート等を用いるため，どうしても統計上の誤差が生まれる。この統計上の誤差は「誤差脱漏」にまとめて処理される。

(4)　本章 *Column* のバラッサ＝サミュエルソンの定理も参照のこと。

(5)　たとえば，金利が5％のとき，i や i^* は0.05である。

(6)　(10)式は次のように展開できる。

$$1 + i = (1 + i^*)\left(1 + \frac{f - e}{e}\right) = 1 + i^* + \frac{f - e}{e} + \left(i^* \times \frac{f - e}{e}\right)$$

i^* と $\frac{f - e}{e}$ がゼロに非常に近い数であれば，最終項は近似的にゼロとなり，(11)式を導出できる。(10)式の両辺に自然対数を取り，$\ln(1 + x) \fallingdotseq x$（$x$ はゼロに近い数）を利用しても導出できる。

(7)　自国通貨のほうが外国通貨より為替変動リスクが高いと投資家が認識するときには，外貨建て資産のリスク・プレミアムはマイナスになり，外貨建て資産の期待収益率が自国通貨建て資産の期待収益率を下回る。リスク回避的な投資家を考慮した場合の金利平価とリスク・プレミアムの関係については，藤井（2012）が詳しい。

(8)　第3章のLM曲線（(11)式）の説明では物価一定の仮定を置いたため，実質貨幣需要を実質金利の関数とみなすことができた。ここでは物価が伸縮的な経済を想定するため，実質貨幣需要を本来のとおり名目金利の関数とおく。

(9)　伸縮価格マネタリー・アプローチでは名目マネー・ストックの増加は物価上昇

によって即時的に相殺され，実質貨幣供給は変化しない。そのため名目金利も動かなかったことを想起しよう。

＜参考文献＞ ───────────────────────────────

中條誠一（2012）『現代の国際金融を学ぶ　理論・実務・現実問題』勁草書房。

藤井英次（2012）『コア・テキスト　国際金融論（第2版）』新世社。

P.R. クルーグマン・M. オブズフェルド（2014）『クルーグマンの国際経済学　下　金融編』丸善出版（山本章子訳）。

Column

バラッサ＝サミュエルソンの定理

　1980年代末から90年代半ば頃，東京の物価は世界一高い，内外価格差が問題だ，と騒がれた時期があった。物価が外国に比べて高いということは，言い換えれば，実質為替レートが高い（qが小さい）ということである。図表8－Aは円の対ドル実質為替レートの月次の変動を，上方向が実質円高になるように図示したものである。実線が消費者物価指数，点線が企業物価指数を使用して計算した実質為替レートで，いずれも1984年12月を100とする指数値である。消費者物価で比較すると，1985年からの10年間に日本の物価は米国の物価に比べて最大2.4倍も上昇した（実質為替レートの指数値が1995年に240に達したことを確認せよ）。1990年代後半以降，日本の消費者物価は米国に比べ下落してきたが，それでも2010年代初頭までは1985年比で20％以上上昇した水準（同指数が120以上）を維持していた。このような国際的な物価格差はどのように理解すればよいだろうか。

　その解決にヒントを提供してくれるのがバラッサ＝サミュエルソンの定理である。同定理は次のように説く。一国の貿易財部門の生産性上昇率が非貿易財部門の生産性上昇率を大幅に上回り，その格差が外国に比べて大きいとき，一国全体の賃金水準が外国に比べて高くなる。その結果，非貿易財物価が外国に比べ高くなり，一般物価も高くなる。

　詳しく見てみよう。貿易財部門と非貿易財部門からなる2部門経済を考える。①両部門とも完全競争市場，②貿易財価格については絶対的PPPが成立，③一国内の部門間の労働移動は自由，④両国の非貿易財部門の労働生産性は同じ，⑤貿易財部門の労働生産性上昇率については自国が外国を上回る，と仮定する。

　貿易財価格は仮定①より貿易財企業にとって所与となり，かつ，仮定②より両国の貿易財価格は同一通貨建てで測って均等化する（図表8－Aの破線が示すように，貿易財を多く含む企業物価指数で見ると日米の物価格差は少し縮小する）。そのため，仮定⑤より，貿易財部門の実質賃金（＝名目賃金／貿易財価格）は外国より自国の方が高くなる。労働生産性が高いということは労働者1人が1日働いて生み出す生産量が多いということであり，その分多くの報酬が支払われるからだ。仮定③より，国内の名目および実質賃金は両部門で均等化する。仮定①より非貿易財価格も企業にとっては所与であるため，仮定④より自国と

図表8−A　円の対ドル実質為替レート

―――消費者物価ベース　　----------企業物価ベース

（注）　月次。1984年12月を100とする指数値。数値の上昇が円の実質増価を意味する。
（出所）　名目円ドル・レート。企業物価指数（日本）は日本銀行，消費者物価指数（日本）は
　　　　　総務省統計局，消費者物価指数・企業物価指数（米国）は米国労働統計局。

外国の非貿易財価格の差は両国の賃金格差に比例する。つまり，貿易財部門の
生産性の高さゆえに相対的に高賃金である自国の方が，非貿易財価格が高くな
る。したがって，貿易財価格と非貿易財価格の加重平均である一般物価も自国
の方が高くなるのである。
　先進国の物価は新興国や発展途上国に比べ，まだ高いといえるだろう。東南
アジアや南アジアを旅行して，現地の物価の低さにうきうきした経験を持つ人
も多いのではないか。バラッサ＝サミュエルソンの定理は先進・途上国間の物
価格差も説明できる。非貿易財部門の代表である散髪サービスを考えると，理
容師が1日に実施できる散髪人数には限界があり，先進・途上国間でそれほど
大差はないだろう。他方，工業部門の生産性は機械・技術の質・量で上回る先
進国の方が高いであろう。そのため，先進国の方が貿易財価格で測った実質賃
金が高くなり，交通料金や整髪代など非貿易財価格が上昇するのである。現に，
横軸に1人当たりGDP，縦軸に物価水準をとり，世界各国のデータをプロット
すれば，正の相関関係が確認できることが知られている[注]。
（注）　藤井（2012）第6章を参照。

第 9 章

開放経済のマクロ金融理論

　一国が外国との間で貿易・資本取引を一切行わない状態を閉鎖経済，外国と貿易・資本取引を行う状態を開放経済という。近年，貿易はもちろんのこと，国際資本移動（以下，資本移動）が急増している。国際金融取引が自由に行えることは，理論上は，資金の貸し手（債権国）と借り手（債務国）双方の効用を高める。一方で，資本移動の拡大が金融・通貨危機を引き起こすことも否定できない。1990年代には発展途上国で通貨危機が頻発し，2000年代には世界金融危機やユーロ圏債務危機が発生した。そのため，資本移動の決定要因や，資本移動自由化がマクロ経済政策に与える影響を理解することがますます重要となっている。

　本章では，近年の資本移動の拡大をデータで確認した上で，ネットの資本移動を表す経常収支の決定理論を学ぶ。続いて，第3章のIS＝LMモデルを開放経済に拡張したマンデル＝フレミング・モデルを用い，資本移動自由化が金融・財政政策に与える影響を検討する。特に，固定相場制の下では金融政策が無効になるなど，開放経済では為替相場制度が重要となる点を明らかにする。最後に，ヨーロッパの単一通貨ユーロを例に，通貨統合の仕組みと理論を紹介する。

Key Words

貯蓄投資バランス　異時点間アプローチ　為替相場制度　マンデル＝フレミング・モデル　通貨同盟　グローバル・インバランス

第1節　資本移動の拡大

　1980年代以降，資本移動は急激に拡大してきた。**図表9－1**に主要国のグロスの対外資産・負債対GDP比の推移を示した。対外純債権国では対外資産が，対外純債務国では対外負債が相対的に大きいため，グラフの値には資産と負債の算術平均を用いている。1970年代には主要国の対外資産ないし負債はGDP比2～3割にすぎなかったが，2020年にはGDPの3倍まで膨らんでいる。対外資産・負債の増加は，クロス・ボーダーの銀行融資や債券・株式投資が新たに行われたことを意味する。この50年間に資本移動がそれだけ拡大したわけで，とりわけ1990年代後半以降の拡大が著しい。

　図表9－2は1985年以降における世界全体の経常収支対GDP比の推移である。「黒字（赤字）国計」は各年の経常黒字（赤字）国の経常黒字額（赤字額）

図表9－1　国際資本移動の拡大①

先進国のグロスの対外資産・負債残高（対GDP比）

（注）　値は｛（対外資産＋対外負債）/2｝/GDP。サンプルは33カ国（G20とその他先進13カ国）。単位はパーセント。

（出所）　Milesi-Ferretti, Gian Maria (2022) "The External Wealth of Nations Database," The Brookings Institution より筆者作成。

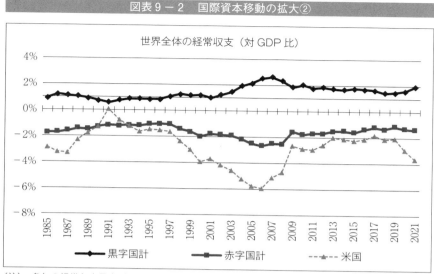

図表 9 - 2　国際資本移動の拡大②

世界全体の経常収支（対 GDP 比）

黒字国計　　赤字国計　　米国

（注）　各年の経常収支黒字（赤字）国の経常黒字（赤字）額の総和を世界 GDP（ともに米ドル建て）で除した値。サンプルは1985～2021年の期間，経常収支と名目 GDP のデータが揃っている91カ国。世界 GDP は91カ国の GDP の合計。米国の値は米国の経常収支の対米国 GDP 比。
（出所）　経常収支・GDP とも世界銀行の World Development Indicators Database より作成。

の総和を世界 GDP で除した値である。第 8 章 2 節で学んだように，経常黒字国の裏側には経常赤字国が存在するため，「黒字国計」と「赤字国計」のグラフはゼロ軸を中心にほぼ上下対称になる。経常収支不均衡は1980年代半ばに拡大した後，90年代前半には黒字額で見ても赤字額で見ても世界 GDP 比 1 ％前後まで縮小した。しかし，1997～98年を境に再び大幅に拡大し，2006～08年には世界 GDP 比2.5％～ 3 ％にまで膨らんだ。つまり，90年代末以降，ネットの国際資金貸借が急拡大したのである。2009年以降大きく縮小したものの，依然80年代と比べて高い水準を維持している[1]。

　このように，1980年代以降，資本移動はグロスで見ても，ネットで見ても大幅に拡大してきた。では，なぜ資本移動は拡大するのか。資本移動の大きさを決めるものは何か。また，資本移動が活発になると一国の金融・財政政策や為替政策はどのような影響を受けるのだろうか。これらの問題を順に考えていこう。

第2節　経常収支の理論

　第8章で学んだように，ネットの資本移動の大きさは，フローでは経常収支に，ストックでは対外純資産に表れる。本節では，経常収支の理論を学び，ネットの資本移動の決定要因を考察する。

(1)　弾力性アプローチ

　経常収支は貿易・サービス収支と第一次・第二次所得収支の合計である。しかしながら，大抵の場合，経常収支の変動は貿易収支の変動で説明できる[2]。そこで，はじめに，経常収支の決定を貿易収支の側面から捉える弾力性アプローチを紹介しよう。

　貿易収支とは財の輸出入金額の差額である。輸出金額は輸出価格×輸出数量，輸入金額は輸入価格×輸入数量で求まり，輸出入量は実質為替レート，自国および外国の景気に左右されると考えられる。自国財が外国財に比べ安価であれば，輸出量は増え，輸入量は減るであろう。また，自国が好景気のとき自国の消費・投資需要は増加し，その一部が外国財に向かうため，輸入は増加するだろう。反対に，外国が好景気のときは輸出が増加する。以上より，貿易収支関数を次のように仮定する。

$$NX\,(\overset{\pm}{q},\,\overset{-}{Y},\,\overset{+}{Y^*}) = EX\,(\overset{+}{q},\,\overset{+}{Y^*}) - q\cdot IM\,(\overset{-}{q},\,\overset{+}{Y}) \tag{1}$$

　NX は貿易収支，EX は輸出，IM は輸入（外国財単位），q は実質為替レート（外国財1単位＝自国財 q 単位），Y および Y^* は自国・外国それぞれの実質 GDP である。IM と Y^* 以外はすべて自国財単位である。また，上添えの符号は各関数が当該変数に関して増加関数（＋）か減少関数（−）かを示している。

　(1)式が弾力性アプローチによる貿易収支決定式である。弾力性アプローチによると，自国 GDP の増加は輸入増を通じて貿易収支の悪化を，外国 GDP の増加は輸出増を通じて貿易収支の改善をもたらす。

　一方，実質為替レートが貿易収支に及ぼす影響は，数量効果と価格効果が反

対に作用するため，理論的には確定しない。実質為替減価は輸出量を増加，輸入量を減少させる点では貿易収支を改善するが（数量効果），輸入価格を上昇させる点では貿易収支を悪化させる（価格効果）。輸出入量が価格変化に感応的であれば数量効果が価格効果を上回り，実質為替減価（増価）は貿易収支を改善（悪化）させる。数量効果＞価格効果となるのは輸出需要と輸入需要の価格弾力性の和が1より大きい場合であることが知られており，この条件をマーシャル＝ラーナー条件と呼ぶ。需要の価格弾力性とは，ある財の他の財に対する相対価格が1％上昇したときに当該財需要が何％減少するかという概念である。為替変化の貿易収支への影響が輸出入需要の価格弾力性に依存すると考えるため，この理論を弾力性アプローチ（Elasticity Approach）と呼ぶ。

　ここで，貿易収支に影響するのは実質為替レートであり，名目為替レートではない点に注意しよう。購買力平価説が説くように，仮に名目で円安になっても同じ期間に日本のインフレ率が外国のインフレ率を上回れば自国財の相対価格は低下しない。そのため，輸出入への影響は軽微にとどまる。

　また，名目為替レートが大きく変化し，統計上実質為替レートが大きく変化したとしても，貿易量はさほど変化しない場合もある。1985年のプラザ合意の後，米ドルの名目為替レートは対円，対マルクで大幅に下落したが，米国の貿易赤字および日本・（西）ドイツの貿易黒字は2〜3年間は縮小しなかった。このように名目為替変化の貿易収支への影響が限定される，あるいはゆっくりとしか現れない理由として，不完全な為替レート・パス・スルー効果とJカーブ効果が考えられる。

① 　パス・スルー効果（Exchange Rate Pass-Through）

　貿易契約には自国通貨建てと外国通貨建ての二通りがある。輸出企業が米国向け輸出価格を円建てで設定している場合，名目為替レートが10％円高になればドル建て輸出価格も10％上昇し，逆に10％円安になればドル建て輸出価格も10％下落する。つまり，名目為替変化は輸出品の外貨建て価格に100％転嫁（パス・スルー）される。このように為替変化の外貨建て輸出価格へのパス・スルー率が100％の場合には，名目為替レート増価率と実質為替レート増価率（自国財の外国財に対する相対価格の上昇率）が等しくなり，輸出量減少につなが

る。しかし，輸出価格が外貨建てで設定されていると，仮に名目為替レートが10％円高になっても外貨建て輸出価格へのパス・スルー率はゼロとなり，輸出量は変化しない可能性がある。

② Ｊカーブ効果

マーシャル＝ラーナー条件が成立する下では，自国通貨の実質減価は貿易黒字の拡大ないし貿易赤字の縮小をもたらす。しかし，現実には自国通貨が減価した際にいったん貿易黒字が縮小（あるいは貿易赤字が拡大）してから黒字拡大（ないし赤字縮小）に向かうことがよくある。横軸に時間，縦軸に貿易収支をとって図示すれば貿易収支が時間とともにＪの字を描くように変動するため，この現象をＪカーブ効果と呼ぶ（**図表9－3**）。

Ｊカーブ効果が生まれるのは，価格効果が為替変化の直後から現れる一方，数量効果が現れるまでに時間がかかるためである。貿易契約がすべて輸出国通貨建てと仮定しよう。つまり，輸出は自国通貨建て，輸入が外貨建てとする。初期状態では貿易収支がゼロで均衡しているとし，名目為替レートが10％減価

図表9－3　Ｊカーブ効果（自国通貨が減価した場合）

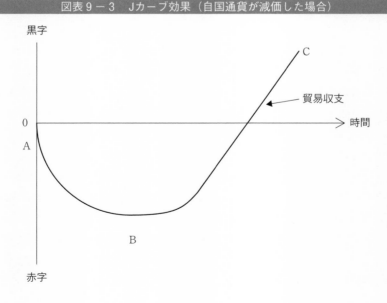

した場合を考える。輸出入量はすでに貿易契約で決まっており，即座には変化しない。自国通貨建て輸出価格も即座には変化しない。しかし，自国通貨建て輸入価格は自国通貨減価率に比例して即座に上昇する。そのため，自国通貨建て輸入金額が増大し，貿易赤字が拡大する（図表9-3のA点→B点）。実質為替減価を受けて，次第に輸出量は増大，輸入量は減少する。これに伴い，徐々に貿易赤字が縮小する。やがて数量効果が価格効果を上回り，貿易収支は黒字化する（B点→C点）。

この弾力性アプローチは貿易財市場の均衡条件から経常収支変動を読み解くものである。次に，マクロ経済均衡から経常収支（貿易収支）の決定を考える理論を紹介していこう。

(2)　アブソープション・アプローチ

国民所得勘定より，貿易収支は国内総生産（GDP）と国内総支出の差として表すことができる。需要面から見れば，GDP（Y）は消費（C），投資（I），政府支出（G），貿易収支（NX）の和であることから，

$$Y = C + I + G + NX \tag{2}$$

と書ける。これを変形すると，次式を得る。

$$NX = Y - (C + I + G) \tag{3}$$

消費と投資と政府支出の総和（$C+I+G$）を国内総支出という。(3)式は，GDPが国内総支出を上回れば貿易黒字が生まれ，国内総支出がGDPを上回れば貿易赤字が生まれることを示している。ここから，一国が貿易黒字を拡大ないし貿易赤字を縮小するためにはGDPの拡大または国内需要（内需）の抑制が必要，という結論が導かれる。貿易赤字拡大に直面してきた米国政府が，しばしば日本・中国など貿易黒字国に対して「内需拡大」を要求するのは，(3)式に依拠している。なお，英語では国内総支出のことを「国内で吸収された」生産物という意味を込めてabsorptionと呼ぶため，この考え方はアブソープション・アプローチと呼ばれる。

(3)　IS バランス・アプローチ

　アブソープション・アプローチの変形が貯蓄投資バランス・アプローチである。投資（Investment）の I と貯蓄（Savings）の S を取って IS バランス・アプローチとも呼ばれる。

　対外純資産を F，実質世界金利を r^*，経常収支を CA とおく。(3)式の右辺に租税（T）を加えて引き，両辺に第一次所得収支 r^*F を加え整理すれば[3]，

$$CA = r^*F + NX = ((r^*F + Y - T) - C) + (T - G) - I \tag{4}$$

を得る。(4)式の最右辺第 1 項は国民の可処分所得（$r^*F + Y - T$）と消費支出の差すなわち民間貯蓄を表す。第 2 項は政府収入と政府支出の差すなわち政府貯蓄である。民間貯蓄と政府貯蓄の和を国民貯蓄（S）とおくと，経常収支は国民貯蓄（以下，貯蓄）と投資の差額に等しいことが分かる。

$$CA = S - I \tag{5}$$

(5)式によれば，貯蓄が投資を上回るほど経常黒字が拡大し，逆に投資が貯蓄を上回るほど経常赤字が拡大する。これが IS バランス・アプローチの考え方である。

　ただし，(5)式は国民所得会計上の恒等式であり，統計上は常に成立することに注意しなければならない[4]。過去の統計データから，ある期間に貯蓄と経常黒字の増加が確認されたことをもって「貯蓄が増加したから経常黒字が拡大した」と断じることは，本当の因果関係を見誤ることになりかねない。本当は別の要因で経常黒字が拡大し，その結果として貯蓄が増加したにすぎないのかもしれないからだ。

　(5)式を経常収支の決定式と考えるために，貯蓄と投資は金利によって決まると仮定しよう。具体的には，貯蓄を実質金利の増加関数とおく。実質金利が高いほど，家計が 1 円を貯蓄に回すことで将来購入できる財の量は多くなるため，家計は貯蓄を増やすと考えられる。投資は実質金利の減少関数と仮定する（第 3 章を参照）。縦軸に実質金利，横軸に貯蓄または投資をとって図示すれば，貯蓄関数は右上がり，投資関数は右下がりの曲線として描くことができる（**図表 9 - 4**）。

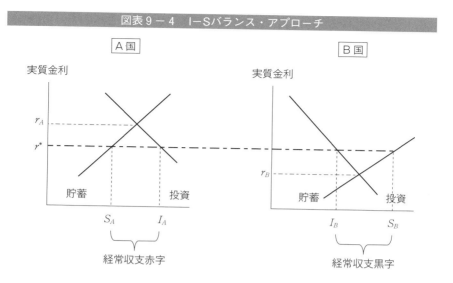

図表9－4　I－Sバランス・アプローチ

　いま，A国とB国の2国からなる世界を考え，A国・B国それぞれの貯蓄・投資関数が図表9－4のとおりであるとしよう。r_Aとr_Bは，A・B国間の国際金融取引が不可能な場合に両国内で成立する利子率，すなわち閉鎖利子率である。図表9－4では$r_A > r_B$であるが，これはA国では投資機会が，B国では貯蓄資金が相対的に豊富であることを反映している。このとき，両国間の資本移動が自由になれば，r_Aとr_Bの間の金利でB国がA国に資金を貸し付けることで，両国とも利益を得ることができる。A国は閉鎖利子率より低い借入金利（$r^* < r_A$）で豊富な投資機会を実現することが可能になり，B国では豊富な貯蓄資金が閉鎖利子率より高い金利（$r^* > r_B$）で運用可能になるからである。

　このようにISバランス・アプローチによれば，資本移動が自由であれば，投資の限界生産性の低い国（閉鎖利子率の低い国）から投資の限界生産性の高い国（閉鎖利子率の高い国）に資金が流れるはずで，各国の貯蓄と投資は特に相関を持たず，バラバラに動くと予想される。ところが，1960～70年代までのOECD諸国のデータを分析した実証研究によって各国の貯蓄と投資が高い正の相関をもつことが明らかにされ，当時の研究者に驚きを与えた。この現象をフェルドシュタイン・ホリオカのパズルと呼ぶ。

(4)　異時点間アプローチ

　金融取引とは現在の消費と将来の消費を売買する異時点間取引であることを第1章で学んだ。国民経済をあたかも一家計のようにみなせば，この考えを開放経済に応用することができる。たとえば，国民全体として現在の消費を一部あきらめて対外貸付に回し，将来外国から返済される利子と元本を将来の消費に充てるという選択をしたとすれば，今期は経常収支黒字，将来は経常収支赤字を計上することになる。このように，経常収支を国民の異時点間消費選択の結果と捉える考え方を経常収支の異時点間アプローチと呼ぶ。

　一国の代表的家計が，今年（第1期）と来年（第2期）の消費から得る効用（(6)式）を最大化すると仮定する。

$$U(C_1, C_2) \tag{6}$$

　また，今年と来年の同国家計の実質所得（実質GDP）はY_1とY_2であることが分かっており，同国家計は世界実質金利r^*で外国と自由に貸し借りできると仮定する（自由な資本移動の仮定）。したがって，代表的家計の予算制約は次のようになる（第1章第2節を参照）。

$$C_1 + \frac{C_2}{1+r^*} = Y_1 + \frac{Y_2}{1+r^*} \tag{7}$$

　(7)式を制約条件として(6)式の効用関数を最大化する問題は，第1章で考えたものと全く同じである。いま**図表9－5**のとおり，A国の第1期と第2期の生産量が$Y_{A,1}$，$Y_{A,2}$であるとする（P点）。P点を通る直線VWがA国家計の予算制約線で，無差別曲線は曲線群Uのように描けるとしよう。このときA国家計は，予算制約線と無差別曲線U_1の接点Q上で第1期と第2期の消費を行うことで，(6)式の通時的効用を最大化できる。Q点で消費を行うとすると，第1期の消費は第1期の生産を上回り，第2期の消費は第2期の生産を下回る。これは，A国が第1期に$C_1-Y_{A,1}$を外国から借り入れ，第2期に$Y_{A,2}-C_2$を外国に返済することを示している。つまり，第1期に$C_1-Y_{A,1}$の経常収支赤字を計上し，第2期に$Y_{A,2}-C_2$（$=(1+r^*)(C_1-Y_{A,1})$）の経常収支黒字を計上することで，A国家計の効用は最大化されるのである。

図表9−5　経常収支の異時点間モデル

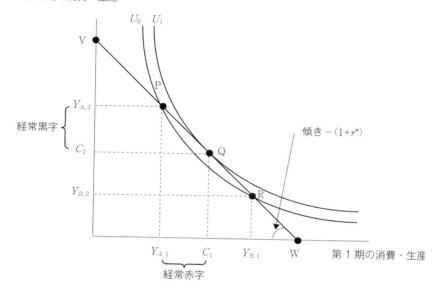

第2期の消費・生産

同様に，B国の2期間の生産量が図のR点で与えられたとすれば，B国家計にとっては，第1期に $Y_{B.1} - C_1$ の経常黒字を出して外国に貸し付け，第2期に元利合計 $C_2 - Y_{B.2}$ の返済を外国から受け取り，経常赤字を出すことが最適となる。

この異時点間アプローチの考え方は資本移動自由化を推進する理論的支柱となってきた。図のP点とQ点におけるA国の経済厚生（効用）を比較すると，明らかにQ点の方が高い。外国との資本取引が禁止された閉鎖経済ではA国民はP点でしか消費できない。閉鎖経済で消費可能なのは国内生産物だけだからだ。しかし，外国との資本取引が自由化されれば，A国民はQ点を選択することでP点より高い効用を獲得できる。たとえ経常収支赤字を出そうとも，である。

(5)　国際収支の発展段階説

ISバランス・アプローチと異時点間アプローチに関連した理論として国際

図表 9 − 6　国際収支の発展段階仮説

分類	未成熟債務国	成熟債務国	未成熟債権国	成熟債権国
経済発展段階	低位	中位	中位	高位
資本の限界生産性	高	中	中	低
経常収支	赤字	黒字	黒字	赤字
対外純投資ポジション	純資産 純債務			

収支の発展段階説がある。これは，経済の発展段階（資本の限界生産性）と対外純投資ポジションの関係から経常収支の長期変動サイクルを推論するものである（**図表 9 − 6**）。

　経済が未発展で資本の限界生産性の高い国は国内貯蓄が不足するため外国資金を借り入れて資本形成を行わざるを得ない。そのため，経常収支は赤字で，対外純債務が増加基調になる（未成熟債務国）。資本蓄積が進み，生産力が高まると，貿易黒字（経常黒字）を出して対外債務を返済できるようになる（成熟債務国）。輸出産業が順調に成長すると，やがて対外純債務を完済し，対外純資産を蓄積する段階に入る（未成熟債権国）。経済が成熟段階に入ると，経済成長は鈍化，消費水準は高止まりするため，ISバランスが貯蓄不足に転じ，対外純資産を取り崩して投資を行うようになる。つまり，経常収支は赤字で，対外純資産が減少していく（成熟債権国）。

　日本は長らく経常黒字を計上して対外純資産を積み上げる「未成熟債権国」と評されてきた。ところが，近年貿易・サービス収支が赤字化し，しかもその赤字の拡大が続いていることから，経常収支の赤字化が見通されるようになってきた。そのため，日本もいよいよ「成熟債権国」段階に入ったと評価する論者もいる。

第3節　為替相場制度とマクロ経済政策

　第3章では閉鎖経済下の金融・財政政策の効果を分析する理論的枠組として IS＝LM モデルを紹介した。本節では，第3章の分析を開放経済に拡張し，開放経済下の金融・財政政策の効果を考察する。開放経済版 IS＝LM モデルはマンデル＝フレミング・モデルと呼ばれる。

(1)　マンデル＝フレミング・モデル

　一口に開放経済と言っても，対外貿易・資本取引の自由度は国によってまちまちである。ここでは貿易・資本取引ともに完全に自由に行える状況を仮定する。また小国の仮定をおく。小国とは，経済規模が世界全体に比べて微小で，自国の経済変数（物価，マネー・ストック，金利等）の動きが外国の経済変数に及ぼす影響を無視できる国という意味である。

　開放経済におけるマクロ政策効果を分析するにあたっては，分析対象国の為替相場制度に留意しなければならない。為替相場制度には様々なものがあるが，大きくは，為替レートの自由な変動を許容する変動相場制と，自国通貨の特定通貨に対する為替レートを固定する固定相場制に大別できる。以下では，変動相場制と固定相場制それぞれについて，金融・財政政策の効果を考察する。結論から言えば，変動相場制下の金融・財政政策の効果は閉鎖経済と大差ないのに対し，固定相場制下では金融政策は無効化し，財政政策は閉鎖経済よりも有効になる。

　まず変動相場制を考える。マンデル＝フレミング・モデルは次の3本の連立方程式体系として表現できる。

$$Y = C\ (\overset{+}{Y}) + I\ (\overset{-}{r}) + G + NX\ (\overset{+}{q},\ \overset{-}{Y},\ \overset{+}{Y^*}) \tag{8}$$

$$q = \frac{Eq}{1 + r - r^*} \tag{9}$$

$$\frac{M}{P} = L\,(\overset{-}{r},\ \overset{+}{Y}) \tag{10}$$

(8)式は第3章のIS＝LMモデルのIS曲線に貿易収支関数を加えたものである。貿易収支関数は弾力性アプローチの仮定（(1)式）に従う。消費は実質GDPの増加関数（ただし，限界消費性向は1より小），投資は実質金利の減少関数，政府支出は外生と仮定し，貿易収支については実質為替レート（減価）の増加関数，自国GDPの減少関数，外国GDPの増加関数とする。

(9)式は，カバーなし実質金利平価式（第8章の(20)式）である。金利平価を仮定するのは資本移動が自由な世界を想定するためである。将来の期待実質為替レートEqと外国の実質金利r^*を所与とすると，実質為替レートは自国の実質金利によって決まる。(9)式を(8)式に代入することで，開放経済版のIS曲線が得られる。

$$Y = C(Y) + I(r) + G + NX\left(\frac{Eq}{1+r-r^*},\ Y,\ Y^*\right) \tag{11}$$

図表9－7　マンデル＝フレミング・モデル

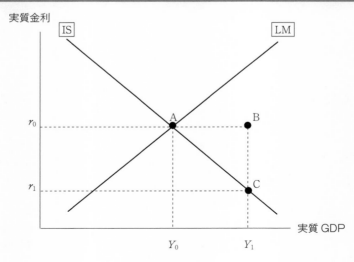

　図表9－7のように，縦軸に実質金利，横軸に実質GDPをとれば，開放経済版のIS曲線は閉鎖経済版と同様，右下がりの曲線になる。IS曲線上の点A（r_0, Y_0）を考えよう。A点上では財市場は均衡している。いま，実質金利が一定の下で，実質GDPだけが増加した点B（r_0, Y_1）を考えると，B点上では財の超過供給が発生する。限界消費性向が1より小さいため，GDP（財供給）の増加はそれによる財需要の増加を上回るからだ。なお，開放経済では消費需要の一部は輸入需要に回るため，1単位のGDP増加で生じる超過供給の大きさは閉鎖経済を上回ることに注意しよう。したがって，A点のY_0より大きいGDPの下で財市場均衡が成り立つには，点C（r_1, Y_1）のように金利が低下して財需要が増大しなければならない。金利の低下は投資を直接刺激すると同時に，為替減価を通じて間接的に純輸出を増大させる。

　⑽式は貨幣市場均衡条件であり，IS＝LMモデルのLM曲線と全く同じものである。ここでも価格硬直的な短期の経済を（すなわち物価を所与と）仮定している。そのため，期待インフレ率はゼロ（$E\pi = 0$）で実質金利は名目金利に等しいので，実質貨幣需要は実質金利の減少関数とみなすことができる。第3章で説明した通り，LM曲線は右上がりの曲線になる（**図表9－7**）。

(2)　変動相場制下の金融・財政政策の効果

　中央銀行が金融緩和政策を行い，マネー・ストック（M）を増加させたときの効果を検討しよう（図表9－8(a)）。当初，経済はA点で均衡していたとする。Mの増加によりLM曲線は下方シフトし（$LM_0 \rightarrow LM_1$），均衡点はB点に移る。実質金利は低下，実質GDPは増加する。閉鎖経済に比べて金融緩和の生産拡大効果が大きくなるかどうかはIS曲線の傾きに依存する。上述のとおり，金利低下は投資とともに（為替減価を通じて）純輸出を増大させるため，1％の金利低下による需要増大効果は閉鎖経済より開放経済の方が大きい。一方で，1単位の生産増加による財の超過供給拡大効果も開放経済が閉鎖経済を上回る（消費の一部が輸入に回るため）。したがって，開放経済下の金融緩和効果が閉鎖経済下の効果を上回るのは，輸出入の為替レート弾力性が輸入の所得弾力性を十分に上回り，IS曲線の傾きが閉鎖経済より緩やかになる場合である。

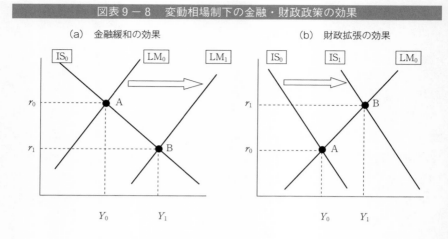

図表 9 − 8　変動相場制下の金融・財政政策の効果

（a）　金融緩和の効果　　　　　　　　　（b）　財政拡張の効果

　次に，財政政策の効果を見たのが図表 9 − 8(b)である。政府支出 G の拡大は IS 曲線を上方シフトさせる（$\text{IS}_0 \to \text{IS}_1$）。そのため，実質金利は上昇，実質 GDP は増加する（A 点 → B 点）。開放経済下の政府支出増加は金利上昇を通じて投資をクラウド・アウトするだけでなく，金利上昇による実質為替増価を通じて純輸出もクラウド・アウトするため，生産拡大効果は閉鎖経済を下回る。財 1 単位の政府支出増加による IS 曲線のシフトの幅が閉鎖経済の場合より狭くなることも生産拡大効果を抑制する。

　要約すると，変動相場制下では，財政政策の効果は閉鎖経済より小さくなり，金融政策の効果は輸出入の価格弾力性が十分大きい場合にかぎり閉鎖経済を上回る。

(3)　外国為替介入の仕組み

　次に固定相場制下の金融・財政政策の効果を考える。そのためには，まず通貨当局（政府・中央銀行）による外国為替介入（以下，為替介入）の仕組みを理解しなければならない。

　為替介入の意思決定を行う主体は国によってまちまちである。日本の場合，財務省が介入の決定を行い，日本銀行（日銀）が政府の代理で介入を実施する。財務省が1,000億円規模の円売りドル買い介入を決定すると，財務省は短期国

債を発行して1,000億円を市場から調達し，その1,000億円を為替市場で売却してドルを購入するよう日銀に委託する。日銀は財務省の代理で円売りドル買いを実行する。購入したドル建て資産は財務省が保有するが，日銀も機動的な為替介入に備えて外貨建て資産を保有している。財務省と日銀が為替介入に備えて保有する外貨建て資産の総和が外貨準備である。

　このように為替介入の手続きは少し複雑だが，基本的に為替介入を実施するのはどの国でも中央銀行であると考えてよい。中央銀行が為替介入を行う際に，ベース・マネー（ハイパワード・マネー）が変化するものを非不胎化介入，ベース・マネーが変化しないものを不胎化介入という。たとえば，中央銀行が自国通貨売り外国通貨買い介入を行うとき，中央銀行は外貨を受け取る対価として民間銀行に対し自国通貨を支払う。中央銀行による民間銀行への自国通貨の支払いは，民間銀行の中央銀行当座預金への入金という形で行われるため，

図表9－9　為替介入とマネタリー・ベースの変化（円売りドル買いの例）

(1)　非不胎化介入の場合

(a)　中央銀行（日銀）のバランス・シート

資産		負債	
米国債（外貨準備）	＋1,000億円	日銀当座預金	＋1,000億円

(b)　民間銀行のバランス・シート

資産		負債	
米国債【ドル建て】	－1,000億円		
日銀当座預金	＋1,000億円		

(2)　不胎化介入の場合

(a)　中央銀行（日銀）のバランス・シート

資産		負債	
米国債（外貨準備）	＋1,000億円		
日本国債	－1,000億円		

(b)　民間銀行のバランス・シート

資産		負債	
米国債【ドル建て】	－1,000億円		
日本国債	＋1,000億円		

ベース・マネーが外貨準備と同額増加する（**図表9－9**(1)）。逆に，自国通貨買い外貨売り介入の際は，中央銀行は民間銀行の中銀当座預金から介入金額を引き落とすため，ベース・マネーは外貨準備と同額減少する。これが非不胎化介入である。

　非不胎化介入によるベース・マネーの増減は中央銀行の金融政策運営と相容れないことがある。このようなとき，中央銀行は為替介入と同時に民間銀行との間で自国通貨建て資産を売買することで，介入によるベース・マネーの増減を吸収する。たとえば，日銀の円売りドル買い介入によってベース・マネーが1,000億円増加したとする。このとき，日銀が同時に1,000億円相当の日本国債を民間銀行に対して売却すれば，介入で増加した日銀当座預金は吸収され，介入の前後でベース・マネーに変化は生じない（図表9－9(2)）。同様に，円買いドル売り介入の際には，日銀が日本国債を民間銀行から買い入れることで，日銀当座預金を不変に保つことができる。これが不胎化介入である。ベース・マネーという胎児が母親（マネー・ストック）のお腹に生まれるのを防ぐというイメージから不胎化と呼ばれている。

(4)　固定相場制下の金融・財政政策の効果

　名目為替レートを$e=\bar{e}$に固定する固定相場制を仮定すると，マンデル＝フレミング・モデルは次のように修正される。

$$Y = C\left(\overset{+}{Y}\right) + I\left(\overset{-}{r^*}\right) + G + NX\left(\overset{-}{q},\overset{-}{Y},\overset{+}{Y^*}\right) \tag{12}$$

$$\frac{M}{P} = L\left(\overset{-}{r^*},\overset{+}{Y}\right) \tag{13}$$

　物価一定の仮定より，実質為替レートも固定される（$q=\bar{q}$）。固定相場に対する信認が高い状況（$Eq=\bar{q}$）を仮定すると，金利平価より自国金利は外国金利に等しくなる（$r=r^*$）。(12)〜(13)式ではこの関係を利用している。

　固定相場制の下では金融政策は無効になる。**図表9－10**(a)を使って説明しよう。当初 A 点（r^*, Y_0）で経済が均衡しているとする。中央銀行が金融緩和を行うと，LM 曲線が下方シフトし（$LM_0{\rightarrow}LM_1$），貨幣市場均衡を保つべく自

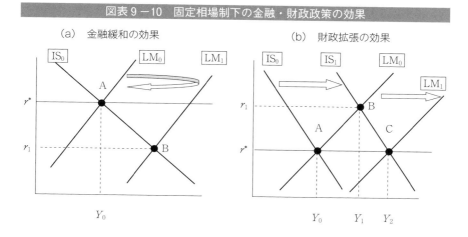

図表9－10　固定相場制下の金融・財政政策の効果

（a）　金融緩和の効果　　　　　　　　　（b）　財政拡張の効果

国金利が低下する（$r^* \rightarrow r_1$）。しかしながら，固定相場の下で自国金利が外国金利を下回ると，金利裁定取引から自国通貨売り外国通貨買い需要が増加し，自国通貨が減価する。そのため，中央銀行は固定相場を維持するために自国通貨買い外国通貨売り介入を行わざるをえない。自国通貨買い介入はベース・マネーひいてはマネー・ストックを吸収することに他ならず，LM曲線は当初とは逆に上方シフトする。この動きは自国金利が外国金利を下回るかぎり続くため，結局のところ中央銀行はベース・マネーを増やすことができず，LM曲線も元の位置に戻る（$LM_1 \rightarrow LM_0$）。金融引締政策を行う場合も同様である。中央銀行がベース・マネーを吸収し，金利を引き上げると，自国通貨が増価する。そのため，自国通貨売り介入を通じてベース・マネーを再び元の水準まで増やさざるを得ず，LM曲線を動かすことはできない。このように，固定相場制下では金融政策は無効になる。

　財政政策は変動相場制下よりも効果的になる。図表9－10(b)に財政拡張政策の効果を図示した。財政支出の増加はIS曲線を上方シフトさせ（$IS_0 \rightarrow IS_1$），金利はr_1へ上昇，GDPはY_1まで拡大する（A点→B点）。ここまでは変動相場制のときと同じである。しかし，金融政策の場合と同様に金利上昇により自国通貨が増価するため，中央銀行は自国通貨売り外国通貨買い介入を行うことになる。この結果，ベース・マネーが増え，LM曲線が下方シフトする。自国

金利が外国金利を上回るかぎり自国通貨売り介入を続けることになるため，シフト後の IS 曲線（IS_1）と当初の金利水準 r^* で交わるところまで LM 曲線はシフトする（$LM_0 \rightarrow LM_1$）。その結果，GDP は Y_2 まで拡大し，変動相場制下の GDP 拡大効果（Y_1）を上回ることになる。

(5)　国際金融のトリレンマ

　固定相場制下では金融政策は無効になるという上記の命題から，開放経済では次の三つの政策目標を同時に達成することが不可能であることがわかる。三つの目標とは，

(A)　金融政策の自由な運営

(B)　為替レートの安定

(C)　自由な資本移動

である。この命題は，三つの目標が並び立たないという意味で「国際金融のトリレンマ（Trilemma）」ないしは「不整合な三角形」と呼ばれる。

　自由な資本移動とは外国為替管理や資本移動規制などがなく，国際金融取引が自由かつ無制限に行われる状況のことである。資本移動が自由であれば，金利平価が成り立つはずである。その下で為替レートの安定（固定相場）を追求するとすれば，金融政策の自由な運営は放棄せざるを得ない。固定相場制の下で金融政策を単独で行えば為替レートは固定平価から乖離してしまうからだ。固定相場制下で行う金融政策（自国金利の操作）は相場を固定する対象国の金融政策（外国金利の変化）に追随するほかないのである。

　もし自由な資本移動と自由な金融政策運営を追求するならば，為替レートの安定はあきらめ，為替レートの自由変動を許容する以外にない。今日，米国，日本など主要国はこの組み合わせを選択している。また，独自の金融政策と為替レートの安定を追求する場合には，自由な資本移動を放棄せざるを得ず，外国為替取引や国際金融取引に何かしらの規制をかけることになる。中国は長らくこの選択肢を選んできた。

　経常収支に関する異時点間アプローチや IS バランス論に従えば，自由な資本移動は資本の国際的な最適配分を促して，資本提供国（経常黒字国）・資本受入国（経常赤字国）双方の経済厚生を高める。それゆえ各国は資本自由化を

進めるべきとする思想が1980年代から90年代へと時代が下るにつれ支配的となった。そのため，1990年代から，発展途上国の多くは自由な資本移動と為替レートの安定の組み合わせを選択するようになった。しかし，その結果，メキシコ（1994年），東アジア（1997～98年）と通貨危機が相次ぐこととなった。欧州においても，欧州通貨制度（European Monetary System, EMS）の下，各国通貨が相互に固定相場を維持する域内固定相場制を採用していたが，1990年に域内資本移動が完全に自由化されて間もなく，英国，イタリアなどで立て続けに通貨危機が発生した（欧州通貨危機，1992～93年）。このような世界的な通貨危機の頻発を受けて提唱されたのが「両極の解（Two-corner Solution）」である。両極の解とは，自由な資本移動の下で各国が選択できるのは，自由な金融政策を追求して為替レートの変動を受け入れるか，厳格な固定相場制（通貨同盟やカレンシー・ボード制）を採用して独自の金融政策を放棄するかのいずれかしかないとする考え方である。次の節では，究極の固定相場制とも言える通貨同盟の仕組みを，欧州通貨統合を例に概観しよう。

第4節　欧州通貨統合

(1)　経済通貨同盟ユーロ

　複数の国が単一の通貨を法定通貨として用いる取決めを通貨統合ないし通貨同盟（Monetary Union）と呼ぶ。2023年1月現在，EU（European Union, 欧州連合）加盟27カ国のうち20カ国が経済通貨同盟（Economic and Monetary Union, EMU）に参加し，共通通貨ユーロ（Euro）を使用している[5]。EUの全加盟国がユーロを法定通貨とするわけではないため，EMU参加の国・地域をユーロ圏と呼ぶ。

　旧EC（欧州共同体）諸国は，1992年のマーストリヒト条約で，遅くとも1999年から単一通貨を導入することを決定した。EU加盟国のうち，長期金利，インフレ率，為替レート，財政赤字，公的債務残高に関する経済収斂条件を達成した国々で通貨統合すると決めたのである[6]。その結果，1999年1月1日に11カ国がEMUを結成，共通通貨ユーロが誕生した[7]。

(2)　通貨同盟の仕組み

　通貨同盟の場合，1〜3章で学んだ金融決済・通貨供給の仕組みは以下の3点で大きく変わる。

(A)　銀行間決済は，自国の中銀当座預金間の振替に加え，自国と域内他国の中銀当座預金間の振替によっても行われる。

(B)　超国家機関である通貨同盟の中央銀行が政策金利を決定する。その決定に従い，各国中央銀行は自国銀行間市場で金融調節を行い，短期金利を政策金利へ誘導する。

(C)　域内銀行間市場が統合され，域内の短期金利が均一になる。

　まず変わるのが決済システムである。一国一通貨制度では各国内に一つの閉じた決済システムが存在するが，通貨同盟では同盟全体で一つの閉じた決済システムが必要になる。そうでなければ，国境をまたぐ資金決済を共通通貨で行うという通貨統合のメリットを享受できないからだ。一国一通貨制度の場合，国内の銀行間決済はすべて，同国中央銀行に設けられた当座預金間の振替によって行われる。A国内の銀行間決済はA国中銀当座預金間の振替によって，B国内の銀行間決済はB国中銀当座預金間の振替によってというふうにである。通貨同盟でも域内の銀行間決済はすべて中銀当座預金間の振替によって行われる。ただし，A国中銀当座預金からB国中銀当座預金への資金振替というように，相異なる中央銀行に開設された中銀当座預金間の振替を行う必要が生じる。これが通貨統合による決済システムの面での変化である。

　相異なる中央銀行の中銀当座預金間で資金振替を行うためには，各中央銀行のコンピュータ・システムを互いに接続しなければならない。ユーロ圏ではTARGET[8]と呼ばれるコンピュータ・システムを構築し，中銀当座預金間の迅速な振替を可能にしている。TARGETは国内銀行間決済を処理する国内TARGETと，国境をまたぐ銀行間決済を処理するクロス・ボーダーTARGETからなる。国内TARGETは統合前に各国が整備していた決済システムのことで，新たにクロス・ボーダーTARGETによって各国の国内TARGETを連結することとなった。

　このように，通貨統合すると各国の決済システムは統合される。その結果，
自ずと域内銀行間市場も統合され，域内の短期金利は単一水準に収斂する。こ
れが通貨統合による第二の変化である。仮にドイツの銀行間金利が5％，フラ
ンスの銀行間金利が3％という状況が起こったとしよう。資金調達を行う銀行
はフランスの銀行間市場において調達し，資金運用を行う銀行はドイツの銀行
間市場で運用するため，フランスの短期金利は上昇，ドイツの短期金利は下落
し，両者は5％と3％の間に落ち着くであろう。域内の銀行間市場間で金利裁
定取引が行われる結果，金利が一本化するのである。域内の短期金利が一本化
すれば，政策によって誘導可能な金利，すなわち政策金利も単一になる。

　日本国内でも地域によって物価に差があるように，通貨統合しても加盟各国
のインフレ率には差が生じ得る。そこで，誰が単一政策金利を決めるかが問題
となる。仮にドイツ中銀が政策金利を決めるとなれば，ドイツのインフレ率
（物価安定）と整合的な水準に政策金利を設定するため，他国にとっては不都
合が生じる。逆も然りである。EMUではこの問題を回避するために超国家機
関の欧州中央銀行（European Central Bank，以下ECB）を設立した。ECBの政
策理事会が加盟国代表の多数決によって政策金利を決定し，特定国の意見を反
映した政策決定が行われないよう工夫されている[9]。

(3)　通貨統合のメリット・デメリット

　通貨統合のメリットとデメリットを経済的側面に絞って考察しよう。

　通貨統合のメリットは域内為替取引の消滅に尽きる。そこから，(a)域内外国
為替手数料の消滅，(b)域内為替リスクの消滅，(c)通貨危機の回避という三つの
メリットが生まれる。これらはすべて域内の貿易・資本取引を活性化させると
考えられる。

　貿易取引に為替取引が付随するとき，為替手数料分だけ輸入価格は高くなり，
それが最終的に小売価格に転嫁され，輸入量が減少する。しかし，通貨統合し
て域内為替取引が消滅し，為替手数料もかからなくなれば，輸入価格が低下，
域内貿易は拡大する。同様に，通貨統合すると輸出入企業は為替変動リスクを
回避する必要がなくなるため，域内貿易量は増えると期待できる。

　通貨危機リスクの低下も通貨統合のメリットである。固定相場制は平価変更

という選択肢を備えている限り，常に通貨危機に遭うリスクを孕んでいる。しかし，いったん通貨統合すると，平価変更という選択肢は（同盟脱退を除き）なくなるため，平価変更期待から通貨危機が起こるということはありえない。とりわけ小国にとってこのメリットは大きい。経済規模の小さい国の通貨は外国為替取引高が少なく，ヘッジファンドなどの投機攻撃によって通貨危機に遭いやすいからだ。小国にとっては通貨同盟に参加し自国通貨の基盤を大きな経済圏に変えることにメリットがあると言える。

　以上の三つのメリットは，まったく同じ理由で域内金融資本取引も拡大すると期待できる。

　一方，通貨統合のデメリットは独自の金融政策を行えなくなることである。非対称な需要ショックがドイツとフランスに発生した場合を考えよう。両国が完全雇用状態の下，突如世界的にドイツ製品に対する需要が高まり，フランス製品に対する需要が低下したとする。フランスでは生産が縮小，失業が増大する一方，ドイツではインフレが発生する。フランスにとっては生産拡大・失業率引下げが，ドイツにとってはインフレ率抑制が政策目標となり，フランスには金融緩和，ドイツには金融引締めが求められる。しかし，両国が通貨統合していると，それぞれが正反対の金融政策を行うことはできない。ECB が金融緩和を行うとフランスの失業率低下は達成できるが，ドイツのインフレ率は一段と上昇してしまう。反対に金融引締めを行うと，ドイツのインフレ率は下げることができるが，フランスの失業は悪化してしまう。

　このように，ECB の単一金融政策によって両国の非対称な問題を同時解決することは不可能である。つまり，通貨統合への参加とは，加盟国間で景気の不一致が起こった場合に各国独自の金融政策を用いて自国の高インフレや高失業を解消するという手段を放棄することである。したがって，独自の金融政策の放棄が通貨統合のデメリットと言える。

(4)　最適通貨圏の理論

　どのような国々が通貨統合に適しているのか。この問いに答えてくれるのが最適通貨圏の理論（Theory of Optimum Currency Area）である。最適通貨圏とは通貨統合に適した地域という意味である。最適通貨圏の理論は，ある2国が

通貨統合する際に独自の金融政策の放棄という通貨統合のコストが小さくて済む条件を提示したものである。最適通貨圏の条件として代表的なものに，①景気循環の同調性，②労働の移動性，③経済開放度の三つがある。

　通貨統合のデメリットの議論から明らかなように，通貨統合した2国の景気が同調的であれば，独自の金融政策を放棄するデメリットは表面化しない。フランスが不況の時はドイツも不況，フランスが好況の時はドイツも好況であれば，単一金融政策で両国の問題を同時解決可能である。したがって，景気循環が同調的な国同士は最適通貨圏である。

　2国間の労働移動性が高ければ，不況国から好況国へ労働者が移動することで不況国の失業率改善，好況国のインフレ抑制を達成でき，通貨統合した2国が独自の金融政策を行えないことは問題にならない。したがって，労働の移動性の高い国同士も最適通貨圏である。

　経済開放度は（輸出＋輸入）/GDP で定義される。経済開放度が高いと国内消費に占める貿易財比率が高く，為替変化が貿易財物価を通じて一般物価を動かす度合いも大きくなる。そのため，景気刺激のために金融緩和を行っても実質為替レートはそれほど減価せず，輸出増を通じた生産拡大は限定される。言い換えれば，独自の金融政策の放棄は経済的コストにならない。加えて，経済開放度が高い国同士ほど為替手数料・為替リスクの消滅という通貨統合の恩恵を多く受ける。したがって，経済開放度が高い国同士ほど最適通貨圏と言える。

【注】

(1)　2000年代の世界的な経常収支不均衡拡大については本章 *Column* を参照。
(2)　日本は例外で，第一次所得収支の規模が大きい（図表8－3）。
(3)　第一次所得収支には雇用者報酬等も含まれるが，ここではそれらは無視できるものとし，対外純資産に対して支払われる利子所得のみが第一次所得収支を構成するものと仮定する。
(4)　同じことはアブソープション・アプローチ（(3)式）にも当てはまる。
(5)　ドイツ，フランス，イタリア，ベルギー，オランダ，ルクセンブルク，フィンランド，オーストリア，スペイン，ポルトガル，アイルランド（以上，加盟時点は1999年1月），ギリシャ（同2001年1月），スロベニア（2007年1月），マルタ，キプロス（ともに2008年1月），スロバキア（2009年1月），エストニア（2011年1月），ラトビア（2014年1月），リトアニア（2015年1月），クロアチア（2023年1月）の20カ国。

(6)　この条件は5つの経済指標の面でEMU加盟国の同質化を求めたものである。具体的には次の条件を満たすことがEMU加盟の条件とされた。(1)長期金利が最も低い3カ国平均を2％以上上回らない，(2)インフレ率（消費者物価前年比上昇率）が最も低い3カ国平均を1.5％以上上回らない，(3)為替レートについてはEMS固定平価を過去2年間変更していない，(4)財政赤字対GDP比が3％以下，(5)公的債務残高対GDP比が60％以下，という5条件である。

(7)　ただし，当初のユーロの使用は預金決済に限定され，ユーロ紙幣・硬貨の流通開始は2002年になってからであった。

(8)　Trans-European Automated Real-time Gross settlement Express Transfer の略。

(9)　政策理事会の構成員はECB総裁，副総裁，理事4名とユーロ加盟国の中央銀行総裁である。なお，2015年1月のリトアニア加盟をもって加盟国が18カ国を超えたため，加盟国中央銀行総裁の議決権は月毎の輪番制となり，15カ国の総裁に議決権が割り当てられている。

＜参考文献＞

小宮隆太郎（1995）『貿易黒字・赤字の経済学：日米摩擦の愚かさ』東洋経済新報社。
高木信二（2013）『新しい国際通貨制度に向けて』NTT出版。
ポール・デ・グラウエ（2011）『通貨同盟の経済学（原著・第8版）』（田中素香・山口昌樹訳）勁草書房。

Column

グローバル・インバランスと世界金融危機

　1990年代末から2000年代半ばにかけて米国の経常収支赤字が前例なく拡大し，裏側では産油国や中国等の経常収支黒字が急拡大していた（図表9－2）。この世界的な経常収支不均衡は「グローバル・インバランス（Global Imbalances）」問題として注目を集めた。

　グローバル・インバランスに関心が高まったのは，米国の経常赤字の維持可能性（サステナビリティ）に対し疑念が持たれたためである。経常赤字の継続は対外純債務累増につながる。対外純債務/GDP が上昇し，閾値を越えると，対内投資資金が一斉に流出するリスクが高まる。これが米国で起これば，米国債価格暴落，ドル金利急騰，ドル相場急落から金融危機に至る。巨額の経常赤字を出して世界需要を牽引する米国の景気後退は世界的不況に繋がりかねない。このような経済のハード・ランディングは避けねばならず，米国は経常赤字抑制に努めるべきである。このように考えられたのである。

　それに対し，米国は基軸通貨国で，対外債務がほぼすべて自国通貨（ドル）建てなので，ドル安が進めば対外純債務の拡大は抑制される。よって米国の経常赤字は維持可能であるという反論がなされた。対外債務はドル建て，対外資産の多くは外貨建てなので，ドル安になれば対外資産のドル評価額が増え（評価効果），対外純債務が減少するというのである。

　また，米国の経常赤字拡大は外国に原因があり，米国の政策だけで縮小することはできない，という主張も展開された。その代表が元 FRB 議長バーナンキの「世界的過剰貯蓄（Global Savings Glut）」仮説である。過剰貯蓄仮説は，外貨準備を積み上げる中国・東アジア諸国と原油高で国民所得が急増した産油国の旺盛な貯蓄こそが，米国の赤字拡大の原因と主張する。IS バランス・アプローチによれば，自国の貯蓄・投資に変化がなくとも，外国の貯蓄が増加すれば，世界全体では資金供給が増えるため，世界金利が低下する。この世界金利の低下は自国の貯蓄縮小・投資拡大から経常赤字拡大につながる（図表9－4において B 国の貯蓄曲線が右方シフトすれば，A 国の経常赤字は拡大することを確認せよ）。2000年代前半当時，FRB の金融引締め（短期金利引上げ）にもかかわらず米国の長期金利が低下する現象が起こり，「グリーンスパンの謎」と呼ばれたが，過剰貯蓄仮説はこの謎（長期金利低下）も説明できるため，注目された

のである。

　結局，2008年 9 月のリーマン・ショックを境にグローバル・インバランスは縮小した（図表 9 - 2 ）。後知恵を借りれば，グローバル・インバランスは世界金融危機の前兆だったと言える。ユーロ圏でも2010年からギリシャはじめ GIIPS 諸国[注]の国債価格が暴落する国債危機が起こったが，危機前の GIIPS 諸国でも一様に経常赤字対 GDP 比が急増していた。したがって，大幅な経常赤字ないしその急激な拡大は迫りくる金融危機の予兆となる場合があるため，注視が必要と言える。

（注）　GIIPS とはギリシャ，アイルランド，イタリア，ポルトガル，スペイン 5 カ国の頭文字をとったもの。

索　引

《著者紹介》

植田　宏文 （うえだ　ひろふみ）

同志社大学商学部教授，博士（経済学）
1965年 6 月福岡県生まれ，第 1 , 2 , 6 章担当

主要著書

『金融革新と不安定性の経済学』中央経済社，2017年
『金融不安定性の経済分析』晃洋書房，2006年
『現代マクロ金融論』（共訳書）晃洋書房，2004年

丸茂　俊彦 （まるも　としひこ）

同志社大学商学部教授，博士（経済学）
1966年11月兵庫県生まれ，第 4 , 5 , 7 章担当

主要著書

『証券化と流動性の経済理論』千倉書房，2016年
『金融取引と銀行組織の経済理論』晃洋書房，2009年
『金融経済学ハンドブック 1 コーポレートファイナンス』（共訳書）丸善，2006年

五百旗頭　真吾 （いおきべ　しんご）

同志社大学商学部教授，博士（経済学）
1975年11月兵庫県生まれ，第 3 , 8 , 9 章担当

主要著書

『身近に感じる国際金融』（共著），有斐閣，2017年
"The U.S. Current Account Deficit and the Dollar : Another Implication of an Incomplete Pass-Through," *The International Economy*, No. 10, 2006年 "Two Patterns of Current Account Reversals : Shift-type and V-shaped,"『社会科学』43巻 2 号，2013年

エッセンシャル
金融論〈第 2 版〉

2015年 4 月10日	第 1 版第 1 刷発行
2023年 8 月15日	第 1 版第 8 刷発行
2024年 3 月20日	第 2 版第 1 刷発行

	植　　田　　宏　　文
著　者	丸　　茂　　俊　　彦
	五　百　旗　頭　真　吾
発行者	山　　本　　　　　継
発行所	㈱中　央　経　済　社
発売元	㈱中央経済グループ パ ブ リ ッ シ ン グ

〒101-0051　東京都千代田区神田神保町1-35
電話　03（3293）3371（編集代表）
　　　03（3293）3381（営業代表）
https://www.chuokeizai.co.jp
印刷／昭和情報プロセス㈱
製本／侑　井　上　製　本　所

©2024
Printed in Japan

新版
経済学辞典

辻 正次・竹内 信仁・柳原 光芳〔編著〕　四六判・544 頁

本辞典の特色

- 経済学を学ぶうえで，また，現実の経済事象を理解するうえで必要とされる基本用語約 1,600 語について，平易で簡明な解説を加えています。

- 用語に対する解説に加えて，その用語と他の用語との関連についても示しています。それにより，体系的に用語の理解を深めることができます。

- 巻末の索引・欧語索引だけでなく，巻頭にも体系目次を掲載しています。そのため，用語の検索を分野・トピックスからも行うことができます。

中央経済社